Gütersloher Taschenbücher / Siebenstern 338

Jürgen Moltmann

MENSCH

Christliche Anthropologie
in den Konflikten der Gegenwart

Gütersloher Verlagshaus
Gerd Mohn

Für Susanne, Anne-Ruth, Esther und Friederike

CIP-Kurztitelaufnahme der Deutschen Bibliothek

Moltmann, Jürgen:
Mensch: christl. Anthropologie in d. Konflikten d. Gegenwart / Jürgen Moltmann. – Gütersloh: Gütersloher Verlagshaus Mohn, 1979.
(Gütersloher Taschenbücher Siebenstern; 338)
ISBN 3-579-03756-0

ISBN 3-579-03756-0

Lizenzausgabe mit freundlicher Genehmigung des Kreuz Verlags, Stuttgart

Gesamtherstellung: Clausen & Bosse, Leck
Umschlagentwurf: Dieter Rehder, Aachen
Printed in Germany

Inhalt

Vorwort 7

I. Was ist der Mensch? 11

A. Die Frage entsteht aus dem Vergleich des Menschen mit dem Tier 15

B. Die Frage entsteht aus dem Vergleich des Menschen mit anderen Menschen 19

C. Die Frage entsteht aus dem Vergleich des Menschen mit dem Göttlichen 25

D. Ecce Homo! Sehet den Menschen! 30

II. Humanismus in der Industriegesellschaft 38

A. »Wer auf dem Tiger reitet, kann nicht mehr herunter« 38

B. Das »Gespenst der Industriegesellschaft« und die Sehnsucht nach dem »heilen Leben« 45

C. Das ewige Reich des Friedens 47

D. Der Bergungsort im Weltuntergang 50

E. Sozialromantik 59

F. Innere Emigration 62

G. Das utopische Bewußtsein 65

III. Menschenbilder und Experimente 71

A. Die Utopie des totalen Menschen 73

B. Die Revolution von rechts 89

C. Das Gesetz des idealen Menschen 100

D. Dialogisches Leben 115

E. Die Ironie des »Mannes ohne Eigenschaften« 126

F. Das abenteuerliche Herz 140

IV. Der Mensch und der Menschensohn 152

A. Gott ist die Kritik des Menschen 152
B. Der schöpferische Gott und der freie Mensch 156
C. Die Weltreiche und das Reich des Menschensohns 160
D. Der gekreuzigte Menschensohn 162
E. Leben in der Versöhnung 164
F. Leben in der Hoffnung 168

Anmerkungen 171

Vorwort

Die »Themen der Theologie« wollen Grundfragen der Theologie mit Stichworten heutiger Erfahrung, Problematik und Diskussion in Verbindung bringen. Dabei ist »der Mensch« wohl das denkbar weiteste Feld gemeinsamer Fragen und völlig verschiedener Antworten. Menschen sind alle, die Menschenantlitz tragen, und doch ist die Menschlichkeit des Menschen eine offene Frage für jeden einzelnen und für alle gemeinsam. Jeder ist mit dem Entwurf, dem Schicksal und dem Stil seines Lebens auf der Suche nach der einleuchtenden Antwort. Gesellschaften und Kulturen brauchen und suchen Übereinkunft über das, was menschlich und was unmenschlich bei ihnen heißen soll. Nach den erschreckenden Erfahrungen des Menschen mit dem Menschen im Zweiten Weltkrieg haben sich die *Vereinten Nationen* 1945 auf gemeinsame und unaufgebbare *Menschenrechte* geeinigt. Aber die Geschichte zeigt, daß die Differenz zwischen »dem Menschen« und der persönlichen, sozialen und politischen Wirklichkeit der Menschen eine andauernde Qual darstellt. So ist mit dem Stichwort »Der Mensch« nichts weniger bezeichnet als die offene Geschichte des Fragens und Suchens und der Fehlschläge und Erniedrigungen der Menschen. Was bewegt uns, wenn wir nach »dem Menschen« fragen? Wo bricht diese Frage unabweisbar auf? Welche Antworten finden wir, welche leuchten heute nicht mehr ein, nach welchen suchen wir? Und wo erwarten wir eine Antwort, die das Suchen erfüllt und die Qual des Menschseins verstummen läßt? Und wenn der Mensch ein frag-würdiges Wesen ist, was hält ihn von der Skepsis ab, jenes Fragen aufzugeben und sich fraglos mit seinen Verhältnissen abzufinden? Müßten wir nicht erst die Würde dieses fragwürdigen Wesens »Mensch« bewußt empfinden, um den Antworten leidenschaftlich nachzugehen?

Es liegt eine Vermessenheit darin, über »den Menschen« zu schreiben — wenn man selbst ein Mensch ist. »Ich habe ein Buch verfassen wollen«, sagte ein weiser chassidischer Lehrer, »das sollte ›Adam‹ heißen, und es sollte darin stehen der ganze Mensch. Dann habe ich mich besonnen, dieses Buch nicht zu schreiben.« Wenn »der Mensch« zum Thema der Theologie gemacht wird, so steckt darin nicht der törichte Anspruch, den *ganzen Menschen* vorzustellen oder das endgültige Urteil fällen zu wollen. Wenn der Verfasser sich aber besonnen hat, dieses Buch doch zu schreiben, so möchte er ohne himmlische Vermessenheit als Zeitgenosse der Leiden und der Hoffnungen, die Menschen heute quälen und bewegen, das Menschliche darstellen, soweit es darstellbar ist. Wenn er sich auf der anderen Seite nicht der besonnenen Resignation anheimgibt, besser zu schweigen, so nur darum, weil er in Gott die Würde des frag-würdigen Menschen sieht, der wir alle sind, und ihm folglich die Theologie die Anthropologie zu thematisieren scheint. »Ohne Gott wäre ja alles o. k.«, sagt einer in einem Film von *Ingmar Bergman.* Mit der Gottesfrage aber, und was in ihr umgekehrt steckt: der Frage Gottes nach

»dem Menschen« im Menschen, wird vieles fraglich, was wir für fraglos und selbstverständlich halten, und anderes wiederum hoffnungsvoll, was wir als hoffnungslos ansehen. Insofern wird das Buch über »den Menschen« denn insgeheim ein Buch über Gott werden. Es soll jedoch dieses Thema der Theologie hier nicht in Form einer *reinen Theologie* abgehandelt werden, die nur von der ewigen Situation des Menschen vor Gott spricht. Denn wenn es sich bei »dem Menschen« um einen offenen Prozeß zwischen dem Menschen und dem Unmenschen handelt, so ist es angemessener, *Theologie in Aktion* zu treiben, bezogen auf die Erfahrungen und die Lebenspraxis von Menschen in der heutigen Industriegesellschaft, und Wege zur Menschwerdung dieses Menschen zu erkunden. Denn das ist der Ausgangspunkt aller Anthropologie: Die Erkenntnis der Sterne bleibt für die Sterne selbst gleichgültig, die Erkenntnis des Menschen ist aber für das Sein des Menschen nicht ohne Folgen. Sie ist verändernde Erkenntnis. »Der Mensch« ist ein offener Prozeß. Wer in ein schwebendes Verfahren eingreift, ist immer entweder ein Ankläger oder ein Freisprecher. Das muß sich jeder klarmachen, der über »den Menschen« sprechen will.

Für viele kritisch-assistierende Bemerkungen und das Lesen der Korrekturen danke ich Herrn Gerhard M. Martin und Herrn Michael Welker.

8. Januar 1971 Jürgen Moltmann

I. »Was ist der Mensch?«

»Wer sind wir?« »Wo bin ich ich selbst?«

Diese Fragen sind so alt wie der Mensch selbst, der sich seiner selbst bewußt wird. Eine Kuh ist immer eine Kuh. Sie fragt nicht: »Was ist die Kuh? Wer bin ich?« Nur der Mensch fragt so und muß offenbar so nach sich selbst und seinem Wesen fragen. Es ist *seine* Frage. Seine Frage begleitet ihn in tausendfältiger Gestalt. Sie tritt ins Bewußtsein, wenn der spontan Handelnde auf sich selbst zurückgeworfen und über sich selbst nachzudenken gezwungen wird. Er entdeckt dann einen Unterschied zwischen den Gegenständen seiner Umwelt, die er bearbeitet, und sich selbst. Oder er entdeckt einen Unterschied zwischen seiner Lebenswelt, die er mit anderen teilt, und sich selbst in einem besonderen Schicksal, das ihn getroffen hat. Die Fragen, mit denen er die Natur oder andere Menschen zur Antwort nötigte, wenden sich dann zurück auf ihn selbst. Die Aktivität, mit der er anderes veränderte, kehrt sich herum in den Erfahrungen des Leidens, durch die er selbst verändert wird. Oder er hat sich so weit in sein Geschäft, seine Familie oder politische Arbeit hineingegeben, daß er die Gefahr spürt, sich selbst zu verlieren. Man sagt dann: »Ich muß mich erst wiederfinden«, oder: »Ich möchte einmal wieder zu mir selbst kommen«, oder gar: »Ich weiß gar nicht mehr, wer ich eigentlich bin.« So lauert

diese Frage nach »dem Menschen« auf den Menschen in ganz alltäglichen Erfahrungen, in besonderen Situationen des Glücks und des Schmerzes und in den höchsten Reflexionen seines Bewußtseins.
Wird aber der Mensch sich selbst fraglich, so kommt er in einen Zwiespalt hinein. Er selbst ist der Fragende und ist zugleich der Befragte, der Sich-Fragende. Ist er der Fragende und der Gefragte zugleich, so ist es unausweichlich, daß ihm alle Antworten, die er sich selbst gibt oder sich von anderen geben läßt, unzureichend und ihm wieder zur Frage werden. Wie er hinter die Dinge zu kommen versucht, um sie zu erkennen und zu gebrauchen, so möchte er endlich auch hinter sich selbst kommen, um sich zu erkennen. Weil aber er selbst es ist, der hinter sich selbst kommen möchte, darum gleitet er sich selbst immer wieder aus der Hand und wird sich um so mehr zum Rätsel, je mehr Lösungsmöglichkeiten in Gestalt von Entwürfen des Menschen ihm zuhanden kommen. Je größer die Zahl der möglichen Antworten wird, um so mehr kommt er sich wie in einem Saal von tausend Spiegeln und Masken vor und wird sich selbst undeutlich.
So wird in der Tat der Mensch zum größten Geheimnis für den Menschen. Er muß sich kennen, um zu leben und sich für andere kenntlich zu machen. Aber er muß sich selbst zugleich verborgen bleiben, um am Leben und in der Freiheit zu bleiben. Denn käme er endlich »hinter sich selbst«, könnte er feststellen, was mit ihm los ist, dann wäre ja gar nichts mehr mit ihm los, sondern alles wäre festgestellt und gebunden, und er wäre am Ende. Das »aufgelöste Rätsel« des Menschen wäre dann zugleich die endgültige Erledigung des Menschseins. So

weit wir das Menschsein erfahren, erfahren wir es als Frage, als Freiheit und Offenheit. »Wir sind, aber wir haben uns nicht« — das offenbar ist die conditio humana *(H. Plessner*[1]*)*. Woraus sich dann ergibt: »Darum werden wir erst« *(E. Bloch)*.

Wie immer diese Differenz beschrieben wird, die der Mensch in sich selbst erfährt: es ist für ihn ebenso wichtig, zu verläßlichen Antworten zu kommen und sich für andere vertrauenswürdig zu machen, wie auch sich des Geheimnisses bewußt zu bleiben, das er anderen ist und andere ihm sind, und es zu respektieren. Selbsterkenntnis und Menschenerkenntnis haben für den Menschen etwas Faszinierendes an sich. »Etwas wie Erfreuliches ist der Mensch — wenn er ein Mensch ist«, sagte der Stoiker Menander. Menschsein ist das Experiment, an dem wir selbst beteiligt sind und auf dem Spiel stehen. Aber es liegt darin auch etwas Erschreckendes. Darum trägt der Mensch immer berechtigte Scheu und natürliche Scham vor einer allzu direkten Selbstbegegnung. Die nackte Ehrlichkeit der Selbstenthüller und Selbstbekenner wirkt peinlich, weil sie das Bewußtsein von der Zweideutigkeit ihrer Erkenntnis preisgeben und mit ihrem Geheimnis auch ihre Zukunft aufgeben. Man soll sich und anderen nichts »vormachen«, aber man soll sich auch nicht vormachen, »mehr zu sein, als scheinen zu können«. »Jeder tiefe Geist braucht eine Maske«, meinte *Nietzsche*. Und das stimmt nicht nur für die »tiefen Geister«, sondern für jeden Menschen, der um den Zwiespalt weiß, der in ihm ist und der ihn nicht ganz mit sich identisch werden läßt. Weder kann er sich ganz mit seiner »Maske«, also mit seiner Erscheinung, wie er für andere da ist, identifizieren, noch würde er zu sich selbst kommen, wollte er sich ganz enthüllen. »All dies ist nur ein Mißverständnis. Wir finden kein Ende damit, unsere Masken abzunehmen. Und jene letzte, die an unserem Gesicht haftet — es ist ganz ungewiß, ob es dem Tod gelingt, sie uns abzureißen«, sagte *François Mauriac* mit Recht. Im chinesischen Mythos hat jeder Mensch ein eigentliches Ich, das sich als Folgegeist stets hinter ihm befindet; in dem Moment aber, in dem der Mensch hinter sich schaut und ihn, das heißt sich selbst, erkennt — stirbt er. So gilt es denn, zwischen der fundamentalen Fraglichkeit des Menschen und den Antworten, mit denen er sich seiner selbst versichert, einen lebendigen Ausgleich zu finden. Der Mensch kann nicht in der radikalen Fragegebärde verharren. Er würde dann niemals zur Inkarnation seines Lebens kommen. Aber er kann sich auch nicht festlegen und sich nur mit dem Gesicht begnügen, das ihm seine Zeit und seine Kultur gibt. Er würde dann stagnieren. Er findet den Ausgleich, wenn er jene Schranke respektiert, die menschliche Lebensgestalten geschichtlich macht, und einsieht, daß es im Wandel der Kulturen und Menschenbilder kraft des Ernstes und der Erwartung des Letzten um Vorläufiges geht. So unzureichend die geschichtlichen und kulturellen Antworten konkreten Menschseins angesichts der offenen und weitertreibenden Frage nach dem wahren Menschen sind, so bieten sie doch umgekehrt Möglichkeiten zur Verwirklichung eines menschlichen Lebens und gewähren Aufenthalt in der Zeit.

Die Frage, die der Mensch sich selbst ist, kann als die Unruhe in der Geschichte der Menschen und Völker bezeichnet werden. Weil die Antworten, die Menschen mit ihrem Leben so oder so geben, geschichtlich und nicht

ewig sind, sind sie auch überholbar durch neue Antworten. Wo sie aber geschichtlich gelingen, bieten sie für eine gewisse Zeit eine tragfähige Basis für das persönliche und soziale Leben. Dann steckt in ihnen nicht nur etwas Vergängliches, sondern auch schon ein Vorschein einer zukünftigen Vollendung, nicht nur etwas Allzumenschliches, sondern auch eine verborgene Gnade.
Die Frage des Menschen: »Was ist der Mensch?« ist an sich noch kein fester Ausgangspunkt für ihre Beantwortung, denn diese Frage kann sehr verschieden gestellt werden. Sie tritt in verschiedenen Zusammenhängen auf und hat mehrere Orte, an denen sie aufbricht. Die Frage: »Was ist der Mensch?« ist immer eine Vergleichsfrage. Sie steht nie absolut im Raum, sowenig der Mensch isoliert dasteht.

A. Die Frage entsteht aus dem Vergleich des Menschen mit dem Tier

Aus diesem Vergleich entstehen die Aussagen der biologischen Anthropologie[2]. Die frühesten Zeugnisse menschlicher Kultur sind Zeugnisse von Jägern und Hirten. Der Mensch erkennt die Tiere. Er durchschaut ihre Lebensweise und ihre Umwelten. Er kann sie erjagen und weiden. Er kann sich auf sie einstellen, bis hin zur mythischen Identifikation mit ihnen, wie in den Totem-Tieren. Er erkennt, modern gesprochen, daß die Tiere in einer artspezifischen Umwelt leben und in ihren Reaktionen triebgebunden und instinktsicher sind. Er erkennt damit zugleich aber auch sich selbst und findet, daß ihm diese Lebensordnungen mangeln. Er selbst ist instinktarm und hat keine feste Umwelt als die eine Lebenssphäre, in der er sich bewegt. Er nimmt ständig Dinge wahr, auf die er noch nicht eingestellt ist, sondern eine entsprechende Einstellung erst mühsam hervorbringen muß. Er ist reizüberflutet. Er hat keinen natürlichen Schutz vor der Außenwelt. Ihm fehlt die instinktive Sicherheit im Reagieren. Er muß sich seine Umwelt durch Sprache und Kultur erst bauen. Er muß seine Verhaltensweisen erst lernen. Der Mensch ist, rein biologisch gesehen, nirgendwo zu Hause. Darum stellt sich angesichts des Lebens der Tiere die Frage: Was ist der Mensch?

Sie wird heute gewöhnlich doppelt beantwortet: Der Mensch ist biologisch ein Mängelwesen und zugleich ein kulturschöpferisches Wesen.

Er ist als biologisches Mängelwesen weltoffen ohne bergende Umwelt, reizüberflutet durch die Signale der Außenwelt und instinktunsicher. Als Dilettanten hat ihn die Natur als vergleichsweise unfertiges Tier entlassen. »Die Ameise kennt die Formel ihres Ameisenhaufens. Die Biene kennt die Formel ihres Bienenstocks. Sie kennen sie zwar nicht auf Menschenart, sondern auf ihre Art. Aber mehr brauchen sie nicht. Nur der Mensch kennt seine Formel nicht«, sagte *Dostojewski*. Die Harmonie von Umwelt und instinktiver Reaktion, die er beim Tiere bewundert und durchschaut, ist ihm, dem Menschen, nicht gegeben, sondern allenfalls aufgegeben. Er ist offenbar nicht in seinem Wesen, sondern sein Wesen zu finden ist seine Aufgabe. Darum hielt *Nietzsche* den Menschen für das »noch nicht festgestellte Tier«, das sich durch Versprechen und bewußte Handlung erst feststellen muß.

Die moderne Anthropologie, die die Sonderstellung des Menschen im Kosmos des Lebendigen durch Vergleiche darzustellen versucht, begann mit der berühmten Schrift *Herders* »Über den Ursprung der Sprache«, 1770. *Herder* schreibt dort: »Jedes Tier hat seinen Kreis, in den es von Geburt an gehört, gleich eintritt, in dem es lebenslang bleibt und stirbt ... Der Mensch hat keine solche einförmige und enge Sphäre, wo nur eine Arbeit auf ihn wartet: — eine Welt von Geschäften und Bestimmungen liegt um ihn ... Die Natur war gegen ihn die härteste Stiefmutter, da sie gegen jedes Insekt die liebreichste Mutter war.« Er ist ein »verwaistes Kind der Natur«: »nackt und bloß, schwach und bedürftig, schüchtern und unbewaffnet, und was die Summe seines Elends ausmacht: aller Leiterinnen des Lebens beraubt. Mit einer so zerstreuten, geschwächten Sinnlichkeit, mit so unbestimmten Fähigkeiten, mit so geteilten Trieben geboren.«[3]

Man kann diese Einsichten auch so zusammenfassen: Dem Triebverlangen des Menschen steht zu seiner Äußerung nicht ein angeborenes System arteigentümlicher Verhaltensschemata zu Gebot, die durch besondere Signale der Außenwelt in Gang kämen. Wir sind keine Sozialautomaten wie die Tiere *(A. Mitscherlich)*. Die Bändigung und Regulierung der Triebnatur des Menschen geschieht durch Kultur, und diese ist ein langwieriger Lernprozeß, in welchem die Einsicht in die sozial notwendigen Triebverzichte mit der schwer zu bändigenden Triebnatur des Menschen ringt.

Beim Tier stehen Triebverlangen und Triebobjekte in einer festen, arteigenen Bindung. Der Mensch aber ist in seiner Triebnatur relativ unspezialisiert, das heißt, er hat einerseits keine erblich festgelegten, sondern nur kulturell zugewiesene Triebobjekte in der Außenwelt. In der permanenten Differenz zwischen dem inneren Triebüberschuß und kultureller Trieblenkung muß die Kultureignung des Menschen erst gelernt werden[4].

Nun wäre aber auf der anderen Seite der Mensch längst ausgestorben, wenn die genannten Mängel nicht nur die Kehrseite seiner Sonderstellung im Kosmos wären, nämlich dessen, was von alters her Geist und Vernunft genannt wurde. Seine Unspezialisiertheit ist nur die Kehrseite seiner schöpferischen Variabilität. Seine Instinktunsicherheit ist die Kehrseite seiner Fähigkeit zur bewußten Handlung. Seine Weltoffenheit, die ihn einer bestimmten Umwelt ermangeln läßt, ist die Voraussetzung für seine Kraft, Kulturen zu schaffen. So ist, aufs ganze gesehen, seine vergleichsweise Unfertigkeit nur die Kehrseite seiner wiederum vergleichsweisen Schöpferkraft und Phantasie. Er findet sich im Vergleich mit dem Tier als ein Wesen vor, das sich »kraft des Geistes zur Weltoffenheit erhebt«, wie *Max Scheler* formulierte[5]. Er ist im eminenten Sinne ein Schöpfer und Geschöpf seiner Sprache. Er fängt eine offene und ihn mit Reizen überflutende Welt in das Netz der Sprache ein. Er kann Informationen nichtgenetischer Art im Medium der Sprache und der Kulturgeschichte speichern. Er ist damit zugleich ein Handlungswesen. »Bei dem Tiere und der Pflanze gibt die Natur nicht bloß die Bestimmung an, sondern führt sie auch allein aus. Dem Menschen aber gibt sie bloß die Bestimmung und überläßt ihm selbst die Erfüllung derselben... Der Akt, durch den er dieses wirkt, heißt vorzugsweise eine Handlung« *(Fr. Schiller)*. Auch *Herder* sah in dem bio-

logischen Mangel, den er aufwies, zugleich eine positive Bestimmung des Menschen. »Das Tier ist ein gebückter Sklave«, der Mensch dagegen »der erste Freigelassene der Schöpfung.«
Doch alle diese Aussagen über den Menschen, jene über seine Mängel und diese über seine Schöpferkraft, sind sinnvolle Aussagen nur im Vergleich zwischen Tier und Mensch. Wird die Frage: »Was ist der Mensch?« in diesem Zusammenhang gestellt, so muß sie in diesen Richtungen beantwortet werden. Man muß sich jedoch davor hüten, die gegebenen Antworten aus dem Zusammenhang dieses Vergleichs und aus dem Horizont der hier gestellten Frage herauszulösen. Dieser Ort des Vergleichs von Tier und Mensch ist zwar ein wichtiger Ort für die Frage des Menschen, aber keineswegs der einzige Ort, an dem der Mensch sich befindet und über sich selbst zu befinden sucht, und auch nicht ein Ort, an dem er immer steht. Die hier gewonnenen Einsichten der biologischen Anthropologie sind ein wichtiger Ansatzpunkt für die Selbsterkenntnis des Menschen, aber nicht der einzige Zugang zu dem Geheimnis, das er darstellt.

B. Die Frage entsteht aus dem Vergleich des Menschen mit anderen Menschen

Aus diesem Vergleich entstehen die Aussagen der Kulturanthropologie[6]. Der Mensch lebt de facto in Familien, Stämmen und Völkern. In der Begegnung mit Menschen anderer Stämme und Völker entsteht die Frage: »Was ist der Mensch?« erneut und hier auf anderer Ebene. Es gab Kulturen, in denen der Menschenname nur für die Angehörigen des eigenen Volkes reserviert war, Fremde dagegen keine *Menschen* waren. Das ist das Phänomen des Ethnozentrismus. Es hat in primitiver Form seine Wurzel darin, daß frühe Sprachen nur wenige Abstraktionsbegriffe kennen. Es gibt Palmen, Zedern und Eichen, aber noch nicht: *der Baum.* So gibt es Schwarze, Weiße und Farbige, aber in der kulturellen und rassischen Verschiedenheit noch nicht etwas Gemeinsames, das *Mensch* genannt werden kann. Als Kolumbus Amerika entdeckte, entstand die Frage, ob Indianer auch Menschen seien, und die Bulle *Pauls III.* von 1537 erklärte, daß die Eingeborenen wirklich Menschen seien, weil sie des katholischen Glaubens und des Sakramentsempfangs fähig seien (fidei catholicae et sacramentorum capaces). Doch auch in unserem Jahrhundert macht die Kriegspropaganda aus den Feinden *Untermenschen, Japs, Gooks, Nigger* usw. Es ist in diesem Zusammenhang wichtig, zu sehen, daß für das Alte Testament *Adam* nicht der erste Israelit, sondern eben der erste *Mensch* gewesen ist. Es ist wohl eine untergründige Angst vor sich selbst, die den Menschen zur Selbstbehauptung gegen andere Menschen und zum Haß gegen Fremde treibt. Er identifiziert dann das Menschsein mit dem Positiven, das er hat: seine Rasse, seine Religion, seine Kultur und seinen Besitz, und projiziert das Unmenschliche, das er in sich verdrängen möchte, auf den Fremden, der anders ist als er. Er ist der *Barbar,* den man nur als Feind kennenlernt und nur als Sklaven leben lassen kann.

Der Gedanke der *humanitas,* die Griechen und Barbaren gemeinsam ist, ist relativ jungen Datums. Es waren die Sophisten, die in der antiken Welt zuerst die Gleichheit aller Menschen auf Grund ihrer gemeinsamen Natur verkündet haben. »Denn das Gleiche ist mit dem Gleichen von Natur aus verwandt. Das Herkommen dagegen, der Nomos, dieser Tyrann der Menschen, erzwingt vieles wider die Natur«, sagte *Hippias.* Die Philosophie der Stoa nahm diese Gedanken auf. Entscheidender als die geschichtlichen und kulturellen Differenzen zwischen den Völkern ist die Gemeinsamkeit aller Menschen im Kern ihres Wesens. Kraft der eingeborenen Ideen der allen gemeinsamen Vernunft läßt sich die Natur des Menschen einsehen. Doch erst in der römischen Stoa wurde dann der bis heute wirksame Begriff der *humanitas* geprägt. *Cicero* stellte dem altrömischen Ideal des *homo romanus* das neue und höhere Ideal des *homo humanus* entgegen. Es ist der geistig gebildete und sittlich verfeinerte Mensch. Der entscheidende Gegensatz lautete für ihn nicht mehr: Römer oder Barbar, sondern Menschlichkeit oder Unmenschlichkeit bei Römern und Barbaren. Religionsgeschichtlich gesehen war dieser erste Menschheitsgedanke mit einer Überwindung des Polytheismus der vielen Völker zugunsten eines Pantheismus der gemeinsamen, göttlichen Menschheitsnatur verbunden.

Neben diesen Menschheitsgedanken entstand gleichzeitig in Israel und durch das Christentum eine andere Vision der Einen Menschheit. Ist der Gott des Bundes zugleich der Schöpfer und Richter aller Menschen, so stehen alle Völker und Menschen in einer gemeinsamen Weltgeschichte. Die Erwartung des kommenden Reiches Gottes schließt alle menschlichen Einzelschicksale und Völkergeschichten zu einer Weltgeschichte zusammen.

In bezug auf die Schöpfung und das kommende Gericht Gottes stehen alle Menschen in einem gemeinsamen Schicksal. Zwar gab es zu jener Zeit, als diese Hoffnung im späten Israel und dann im Christentum zuerst formuliert wurde, noch keine Menschheit im Geschick einer gemeinsamen Weltgeschichte. Erst heute entsteht aus den verschiedenen Geschichten der Völker auf Erden eine gemeinsame Weltgeschichte. Dennoch ist diese Vision wichtig, weil sie im Unterschied zum naturhaften Menschheitsgedanken der Stoa die geschichtlichen Differenzen zwischen Menschen ernst nimmt und für die konkreten geschichtlichen Kämpfe zwischen Menschen verschiedener Völker, Rassen und Klassen einen gemeinsamen Zukunftshorizont, einen Horizont zukünftiger Gemeinschaft entdeckt hat.

Aus der griechisch-römischen Tradition und aus der biblischen Hoffnung wurde dann der Menschheitsgedanke der Aufklärung gebildet, der sich in der Formulierung gemeinsamer und unabtretbarer Menschenrechte in den Verfassungen moderner Staaten niederschlug. Sie sind weniger die Formulierung einer vorhandenen Wirklichkeit des *menschlichen Menschen* als vielmehr eine Forderung und eine konkrete Utopie. »Wenig Menschen sind Menschen, daher die Menschenrechte äußerst unschicklich als wirklich vorhanden aufgestellt werden« *(Novalis[7])*. Aber einmal formuliert und in die moderne Verfassungsgeschichte eingebracht, sind sie doch auch schon eine Wirklichkeit, die nicht wieder vergessen oder ausgelöscht werden kann. Es ist die Erinnerungskraft der Hoffnung der Menschen in verschiedenen Völkern auf eine menschliche Menschheit, die sie am Leben erhält. Der Vergleich des Menschen mit dem Menschen in der

Begegnung der Kulturen kann zwei Richtungen einschlagen: die Kulturanthropologie kann Ethnologie werden. Sie beschreibt dann die verschiedenen Kulturen in verstehender Absicht. In jeder Kultur versucht der Mensch, sich selbst das Gesicht zu geben. Die Fülle der verschiedenen Gesichter, die er sich selbst gibt und mit denen er der Herausforderung der Natur, des Zusammenlebens und der Götter zu antworten versucht, zeigt die fast grenzenlose Variabilität des Menschlichen. Ethnologie in verstehender Absicht zeigt mit der Erforschung fremder Kulturen zugleich die Relativität und Begrenztheit der eigenen Kultur. Die eigenen Normen und Werte, die man für absolut gehalten hatte, weil man nichts anderes kannte, werden in ihrer geschichtlichen Bedingtheit offenbar, ohne damit ihre Verbindlichkeit völlig einzubüßen. — Kulturanthropologie kann aber auch Anthropologie zwecks Beförderung der Humanität werden. *I. Kant* nannte sie eine »Anthropologie in pragmatischer Hinsicht«[8]. Beide Richtungen hängen eng zusammen, denn wenn man mehr als eine Kultur kennt, entsteht von selbst die Frage: Was ist der Mensch? Und diese Frage meint dann nicht mehr nur die neugierige Erforschung der »comédie humaine«, in der es immer wieder andere Varianten des Menschlichen gibt, sondern richtet sich auf die »Menschlichkeit des Menschen«. Man kann hier unterscheiden zwischen der Erforschung der Menschhaftigkeit (hominitas) und der Suche nach der Menschlichkeit des Menschen (humanitas)[9].

Seit der Aufklärung ist humanitas nicht nur eine sachliche Bezeichnung für die Spezies Mensch, sondern mehr noch eine ethische und messianische Bezeichnung für die noch ungefundene Erfüllung seiner Aufgabe und seiner Hoffnung. Um es einfach zu sagen: Es gehört zum Menschen konstitutiv, daß er *Mensch ist und Mensch zu sein hat.* Er erfährt sich als eine Gabe und eine Aufgabe, als Sein und Forderung zugleich. Völkerkunde in verstehender Hinsicht geht darum immer wieder in Anthropologie in pragmatischer Absicht über. Umgekehrt würde eine nur ethische Anthropologie in der Luft hängen, wäre sie nicht stets bezogen auf die Wirklichkeit des Menschen.

Aus dem Vergleich des Menschen mit dem Menschen entsteht die Kulturanthropologie. Als ihre Antwort auf die Frage: »Was ist der Mensch?« können wir die Feststellung nehmen: Der Mensch ist Schöpfer und Geschöpf der Kultur *(Michael Landmann).* »Jede Kultur ist ein Weg der Seele zu sich selbst« *(Georg Simmel),* und alle Kulturen können als Fragmente und Wege zu jener menschlichen Menschheit verstanden werden, die im Schoß der Zukunft noch verborgen liegt. In jeder Kultur bringt sich der Mensch in eine Form und gibt sich ein Gesicht. Doch alle geschichtlichen Formen und Gesichter, die er sich gab und gibt, sind vergänglich und vertauschbar. Das erlaubt den Rückschluß, daß allein die Tatsache, daß der Mensch sich aus seiner inneren Amorphheit heraus in kulturelle Formen bringt, ein sich durchhaltendes und überall zugrundeliegendes Menschliches ist. Der in den Kulturen in Erscheinung tretende Mensch *(homo hominatus)* ist geschichtlich, die schöpferische Keimzelle des Menschen *(homo hominans)* aber ist ewig[10]. In diesem Sinne lernt sich der Mensch selbst kennen durch geschichtliche Begegnung und geschichtliches Verstehen anderer Menschen und

anderer Kulturen. Das setzt voraus, daß der Mensch wesensnotwendig in einem kulturgeschichtlichen Prozeß steht, der aus seiner inneren biologischen Unabgeschlossenheit und Weltoffenheit entspringt. Er versucht beständig, sich selbst zu vollenden und die innere Leerstelle, die in seine Existenz hineinragt, zu schließen. Wenn wir an dieser Stelle weiterfragen, worin denn diese Leere und Unruhe, die den Menschen treibt, besteht, ob nur in seiner biologischen Unfertigkeit oder in jenem Nichts, das ihn innen und außen bedroht, oder in etwas Göttlichem, das ihn herausfordert, so geraten wir an die Grenzen der Kulturanthropologie.
Die Aussagen der Kulturanthropologie sind sinnvolle Aussagen nur im Bereich der Erfahrungen, die der Mensch mit dem Menschen macht. Wird die Frage: »Was ist der Mensch?« hier gestellt, so muß sie in den genannten Richtungen beantwortet werden. Aber auch dieser Vergleich zwischen Kulturen ist nicht der einzige Ort, an dem die Frage aufbricht, so wichtig und unübersehbar er ist.

C. *Die Frage entsteht aus dem Vergleich des Menschen mit dem Göttlichen*

Aus diesem Vergleich entstehen die religiösen Aussagen über Geschick und Bestimmung des Menschen, die religiösen Anthropologien, die wir in Theologie, Metaphysik und Dichtung finden[11].
Am Apollotempel in Delphi stand das tiefe Wort: *Gnoti seauton* — Erkenne dich selbst! Es meinte an dieser Stelle der Gegenwart der Ewigen: Erkenne dich

selbst, erkenne, daß du Mensch bist und den Göttlichen nicht gleichst. Bei Homer heißen die Götter die »Unsterblichen«. Neben ihnen ist der Mensch ein »sterbliches Tageswesen«, »eines Schattens Traum«. Eine Etymologie führt das lateinische Wort *homo* auf eine Wurzel mit *humus*, Erde, zurück. Für das Alte Testament ist der Mensch, *Adam*, von der Erde, *Adama*, genommen. In der Gegenwart der Götter erkennt der Mensch sich selbst in seiner Nichtgöttlichkeit, seiner Niedrigkeit und seiner Erdenschwere. Noch im Mittelalter war mit dem Wort *humanitas* nicht die Größe des Menschen gegenüber der Natur gemeint, sondern seine Niedrigkeit, Irrtumsfähigkeit und Vergänglichkeit gegenüber Gottes Ewigkeit. Religiöse Anthropologie spricht auch aus »Hyperions Schicksalslied« von *Hölderlin:*

»Ihr wandelt droben im Licht
Auf weichem Boden, selige Genien!
...
Doch uns ist gegeben,
Auf keiner Stätte zu ruhn,
Es schwinden, es fallen
Die leidenden Menschen
Blindlings von einer
Stunde zur andern,
Wie Wasser von Klippe
Zu Klippe geworfen,
Jahr lang ins Ungewisse hinab.«

Die Antworten auf die Frage: »Was ist der Mensch?« fallen in diesem Vergleich ganz anders aus als in der biologischen und der Kulturanthropologie. Unter dem

Eindruck der ewigen Wahrheit und Treue Gottes sagt Psalm 116, 11: »Alle Menschen sind Lügner.« Angesichts der Herrlichkeit Gottes sagt Psalm 62, 10: »Alle Menschen sind ja nichts.« Und nachdem Psalm 90 Gott »von Ewigkeit zu Ewigkeit« gerühmt hat, findet er die Menschen »dahinfahren wie einen Strom; sie sind wie ein Schlaf, gleich wie ein Gras, das doch bald welk wird, das da frühe blüht und bald welk wird und des Abends abgehauen wird und verdorrt«. Als dem Propheten Jesaja im Tempel die Vision der Herrlichkeit Gottes widerfuhr, antwortete er: »Weh mir, ich vergehe! denn ich bin unreiner Lippen und wohne in einem Volk von unreinen Lippen.« Doch nicht nur die Erkenntnis der unentrinnbaren Endlichkeit, der verfügten Vergänglichkeit und der tödlichen Verfehlung des menschlichen Daseins entspringt aus dem überwältigenden Eindruck des Göttlichen. Auch die Fragwürdigkeit des ganzen Lebens gewinnt hier den radikalen Ort ihrer Krise und ihrer Würde. »Was ist der Mensch«, fragt Psalm 8, »daß du sein gedenkest?« In sehr verschiedenen Formen, aber doch unüberhörbar haben Menschen in der Religion die Frage: »Was ist der Mensch?« als eine Frage empfunden, die von Gott an den Menschen gestellt wird und auf die der Mensch mit seinem ganzen Leben antworten muß und es doch nicht kann. Sie haben die Frage nicht von sich aus gestellt, sondern leidend erfahren. Sie haben sich selbst als die Herausgeforderten und die Versagenden erfahren. So ruft in der alttestamentlichen Sündenfallgeschichte Gott: »Adam, wo bist du?«, und Adam fürchtet sich und versteckt sich und wird sich seiner Blöße in seiner Scham bewußt. In der Geschichte von Kain und Abel ruft Gott: »Wo ist dein Bruder

Abel?«, und der Brudermörder stellt sich nur unter dem vermeintlichen Schutz von Ausflüchten: »Ich weiß nicht. Soll ich meines Bruders Hüter sein?« In religiöser Erfahrung wird nicht ein absolutes Menschenbild angeboten, sondern es wird vielmehr die radikale Infragestellung des Menschen erfahren. Die Religion beansprucht nicht, das Geheimnis des Menschen aufzuklären. Sie bestätigt und vertieft eher das Geheimnis, das der Mensch ist. Der Mensch, der sich in seiner Kultur kannte und für andere kenntlich gemacht hat, wird sich selbst in solchen Erfahrungen mit dem, was über ihm ist und über ihn kommt, unkenntlich. Der in frageloser Selbstverständlichkeit sein Leben lebte, wird sich in solchen Erfahrungen zur Frage. »Ich bin mir selbst zur Frage geworden«, sagt *Augustin* in seinen »Confessiones«. »Ich bin mir selbst zum Land der Mühsal geworden« (10. 16, 25). »Welch schauerlich Geheimnis, mein Gott, welch tiefe, uferlose Fülle! Und das ist die Seele, und das bin ich selbst? Was bin ich also, mein Gott? Was bin ich für ein Wesen? Ein Leben, so mannigfach und vielgestalt und völlig unermeßlich!« (10. 17, 26). Hier kann die Frage: »Was ist der Mensch?« nicht mehr objektiv beantwortet werden mit Verweisen auf seine Seele, seine Mängel oder seine Schöpferkraft. Sie verdichtet sich zur persönlichen Frage: Wer bin ich, mein Gott, vor dir?!

An der Verborgenheit Gottes erfährt der Mensch die Verborgenheit seiner selbst. Und alle seine sichere Selbsterkenntnis wird zum »Stückwerk« im Vertrauen auf den, der ihn schon erkannt hat und bis ins Tiefste durchschaut, und in der Hoffnung, einmal doch zu »erkennen, wie ich erkannt bin« (1. Kor. 13, 12). Der Eindruck der Verborgenheit Gottes spiegelt sich wider im Wissen um die Selbstverborgenheit des Menschen. Darum verbindet sich mit der Hoffnung auf die Offenbarung Gottes auch die Hoffnung auf das »aufgedeckte Angesicht des Menschen«. »Unser Herz ist unruhig in uns — bis es Ruhe findet in dir«, sagte *Augustin* und gab damit der religiösen Anthropologie des Abendlandes ihren weithin gültigen Ausdruck[12]. Ich lebe, aber ich kann mich in mir selbst nicht finden. Ich bin der Lebende und kann doch mein Leben nicht festhalten, nicht in mir bleiben. Der Mensch sucht sich, aber sein Leben gelingt nicht zum gesammelten Ausdruck in dieser Zeit des Todes. Darum geht der Mensch unendlich über den Menschen hinaus *(Pascal)*. Im diesseitigen Leben bleibt sich der Mensch ein Problem, dessen Lösung alle Endlichkeit übersteigt. Erst in der Ankunft Gottes selbst, der dieses Leben hier unendlich in Frage stellt, kann die Apokalypse des menschlichen Geheimnisses erhofft werden. Deshalb wird der Mensch in keinem seiner Menschenbilder sich selbst finden und zur Ruhe kommen. Die Unruhe seines Herzens wird zu einem permanenten Bildersturm der Hoffnung gegen jene Menschenbilder führen, die ihn festlegen und endgültig fixieren wollen. Das ist religiöse Anthropologie. Das Religiöse an ihr ist weniger der »Sinn und Geschmack fürs Unendliche«, die heilige Musik und Poesie des Lebens, wie *Schleiermacher* meinte, als die Erfahrung der Krise, in der das Göttliche wie »eine geballte Faust mitten ins Leben hineinragt« *(K. Barth[13])*.

Die religiöse Frage: »Was ist der Mensch?« entsteht im Vergleich des Menschen mit dem Göttlichen und in jenen Erfahrungen, die wir religiöse Erfahrungen nennen.

Es sind nicht absonderliche Erfahrungen besonderer Menschen, obgleich wir ihren ehrlichen Ausdruck ihnen verdanken, sondern Erfahrungen der Tiefe, die wir im oberflächlichen Leben meistens scheuen. Weder die Erfahrung dieser Krise noch jene Selbsterkenntnisse, die in ihr entstehen, lassen sich auf die biologische oder die Kulturanthropologie reduzieren. Sie haben ihre eigene Würde und ihr eigenes Elend und ihre besondere Bedeutung für die Menschlichkeit des Menschen.
Aber diese religiöse Anthropologie muß nicht christliche Anthropologie sein, obgleich in der Geschichte unseres Kulturkreises beide sehr eng verbunden sind. Christliche Anthropologie muß wissen, daß es diese religiöse Anthropologie in ihrer eigenen Tradition und außerhalb gibt, und muß sich auch auf sie beziehen. Doch die religiösen Antworten auf die Frage: »Was ist der Mensch?« umfassen ihrerseits noch nicht die spezifisch christliche Frage nach dem Menschen. Ihr wollen wir uns nun zuwenden.

D. Ecce Homo! Sehet den Menschen![14]

An ihrer Wurzel genommen, wird in den biblischen Geschichten die Frage: »Was ist der Mensch?« nicht aus Vergleichen gewonnen mit dem, was immer ist, mit den Tieren, mit anderen Völkern oder mit dem Göttlichen über uns. Sie entsteht konkret angesichts überraschender und konkreter göttlicher Berufung und Beauftragung. So fragt Mose auf dem Berg Sinai (Ex. 3, 11) angesichts des Gottes, der aus dem brennenden Dornbusch zu ihm spricht und ihn mit der Befreiung Israels aus der Sklaverei in Ägypten beauftragt: »Wer bin ich, daß ich zum Pharao gehen und die Israeliten aus Ägypten führen soll?« So bekennt Jeremia in seiner Berufungsvision: »Ach Herr, ich bin zu jung und kann nicht reden« (Jer. 1, 6). Und Petrus bekennt in seiner Begegnung mit Jesus: »Herr, gehe hinaus von mir, denn ich bin ein sündiger Mensch« (Luk. 5, 8). Hier entsteht Selbsterkenntnis nicht einfach aus dem Eindruck des Göttlichen droben. Sie entsteht dort, wo dem Menschen in seinem Leben durch die Berufung Gottes etwas Unmögliches zugemutet wird. Und in diesem Geschehen erkennt der Betroffene seine konkreten Grenzen und Unmöglichkeiten, und er erkennt sie als seine Schuld. Er erfährt, wer er sein soll, aber von sich aus nicht sein kann. Er erfährt, was aus ihm werden soll, aber von ihm aus nicht werden kann. Die göttliche Berufung, die ihm ein neues Sein zumutet, stellt ihn in eine unüberwindbare Differenz zu sich selbst. Sie schneidet so tief in sein Leben ein, daß sie ihn sogar von sich selbst trennt und ihn in einen Identitätswechsel verwickelt. Darum wurde mit solchen Berufungsereignissen oft ein Namenswechsel verbunden: aus Simon Jona wurde Petrus, aus Saulus wurde Paulus usw. Die christliche Taufe demonstriert diesen Identitätswechsel durch das Sterben des alten und die Geburt des neuen Menschen und stellt ihn als eine Gnade dar. Es gibt allerdings auch negative Beispiele. Menschen, die 1945 ihre Identität im »Dritten Reich« verbergen oder verleugnen wollten, »tauchten unter«, wie es in unbewußter Anspielung hieß, bis sie mit einem anderen Namen in Südamerika oder anderswo »wieder auftauchten«.

Die Frage des Mose auf dem Berg der Begegnung: »Wer

bin ich, daß ich zum Pharao gehe?« (Vers 11) bekam eine merkwürdige, aber doch einzig sinnvolle Antwort: »Ich will mit dir sein« (Vers 12). Das aber ist der Name des Gottes, der ans Werk geht: »Ich werde sein, der ich sein werde« (Vers 14). Und das heißt, daß die Frage des Menschen: »Wer bin ich?« nicht direkt beantwortet wird, sondern sich dort erübrigt, wo Gott seine Gegenwart und seine Gemeinschaft auf dem Weg des Lebens zusichert. »Fürchte dich nicht und laß dir nicht grauen, denn ich bin mit dir in allem, was du tun wirst.« Hier wird also die Frage des Menschen nach sich selbst mit der Selbstmitteilung Gottes an diesen Menschen beantwortet. »Gott mit uns — Immanuel«, Gott mit uns, den nichtgöttlichen und gottlosen Menschen — das ist hier die Antwort auf des Menschen Frage nach sich selbst. Damit wird dem Menschen eigentlich nicht gesagt, wer er denn nun im Grunde ist, was er kann und was er nicht kann, was er soll und was er nicht soll. Es wird ihm eine Geschichte eröffnet, in deren Zukunft ihn die Verheißung Gottes hineinführt. Ihm wird ein neues Seinkönnen in Aussicht gestellt, ein Seinkönnen in der Gemeinschaft mit Gott. Der Mensch bekommt sich hier nicht zu sehen wie in einem neuen Spiegel. Er bekommt eine neue Aussicht. Seine Bestimmung erfährt er in seiner geschichtlichen Berufung. Und wenn er sich ihr anvertraut und sich selbst vergißt, so erfährt er sein Leben in der Geschichte Gottes mit ihm. Er wird nicht über sich selbst »ins Bild gesetzt«, sondern mit einer Hoffnung und einem Auftrag erfüllt, der ihn aus der Sicherheit seiner Bilder heraustreten läßt auf den Weg der Freiheit und der Gefahr, der »Anfechtungen der Welt und der Tröstungen Gottes«, wie *Augustin* sagte. In gewisser Weise wird er dann sich selbst verlassen und nicht länger nach seiner Identität fragen, weil er sich selbst aufgehoben weiß in der Gemeinschaft mit dem Gott, der ihn nicht nur herausfordert, sondern auch bereit ist, mit ihm zu gehen und ihm voranzugehen.

Nun haben wir aber bisher nur von speziellen Berufungsgeschichten gesprochen, von Mose und den Propheten und von Israel, aber noch nicht vom Menschen überhaupt. Was dort erfahren wurde, erhebt nicht den Anspruch auf Universalität oder doch nur einen indirekten Anspruch auf das Allgemein-Menschliche, sofern Israel sich als »Licht der Völker« verstand.

Im Neuen Testament weist die Frage: »Was ist der Mensch?« auf den einen Menschen Jesus von Nazareth, dessen Leben und Sterben die Evangelien berichten. Von dem, der verlassen von Gott und den Menschen am Kreuz stirbt, heißt es: *Ecce Homo!* Sehet den Menschen! Im Neuen Testament kommt aber zugleich auch jene Antwort Gottes: »Ich werde mit dir sein« aus der Verkündigung des Gekreuzigten zur Sprache. Für den Glauben fallen darum Gotteserkenntnis und Selbsterkenntnis in eins zusammen in der Christuserkenntnis. Der Gekreuzigte ist der »Spiegel«, sagte *Calvin,* in dem wir Gott und uns selbst erkennen. Denn in seinem Kreuz wird mit dem Elend menschlicher Verlassenheit zugleich die Liebe Gottes offenbar, die Menschen in ihrem Elend annimmt. Darum fand *Pascal:* »Das Wissen von Gott ohne Kenntnis unseres Elends zeugt den Dünkel. Das Wissen unseres Elends ohne Kenntnis von Gott zeugt die Verzweiflung. Das Wissen von Jesus Christus schafft die Mitte, weil wir in ihm sowohl Gott als unser Elend finden.«[15]

Das eigentlich Neue und zugleich für jeden Humanismus Anstößige ist im Neuen Testament in der Tat die Erkenntnis des wahren Gottes und des wahren Menschen im Gekreuzigten. Wie aber wird in ihm das Menschliche offenbar? Verglichen mit dem griechischen Menschen-Ideal des Guten und Schönen wird an Jesus eher das genaue Gegenteil erkennbar. Von Anfang seines Auftretens an bis ans Ende kommen Menschen zu ihm mit allen nur denkbaren Krankheiten und Fehlern: vom Fieber bis zur Blindheit, von der Besessenheit bis zum Aussatz, vom Landesverrat bis zur Hurerei. Jesus, in einer Krippe geboren und von niedriger Herkunft, war selbst einer dieser »Armen«. Er hat nicht ein neues Ideal des guten und gerechten Menschen gepredigt und vorgelebt, sondern hat das Evangelium vom kommenden Gottesreich den Armen gebracht, hat mit »Sündern und Zöllnern« zu Tische gesessen, hat Kranke geheilt und Dämonen ausgetrieben, hat Arme, Trauernde, Weinende und Hungrige selig gepriesen: »denn ihrer ist das Himmelreich«. Er hat Gott bei den Gottlosen und Verachteten zur Sprache gebracht. Er hat die Gerechtigkeit als das Gottesrecht der Gnade den Ungerechten verkündet. Er hat das Geheimnis »Gott mit uns«, »Gott für uns« auf Erden so verkörpert, daß er den Elenden zum Bruder wurde. Darum kommen aus den Winkeln und Höhlen, in die die gute Gesellschaft sie vertrieben hat, die Ausgesetzten und Verworfenen zu ihm. Die Armen, von denen er spricht und die zu ihm kommen, sind so arm, daß sie in keiner menschlichen Gesellschaft einen Platz finden. Sie leben schutzlos dem Nichts ausgeliefert. Sie können nicht anders scheinen, als sie sind. Sie können ihre Krankheiten und Fehler nicht verdecken.

Es sind nicht einfach die unterdrückten Sklaven und die ausgebeuteten Proletarier, sondern in der Tat jene »Verdammten dieser Erde«, mit denen kein Staat und auch keine Revolution zu machen ist. Indem Jesus sich in ihnen begreift durch seine Gemeinschaft mit ihnen, kann er »der Menschensohn« genannt werden. Der Menschensohn ist der, der sich in den Besessenen sieht, indem er die Dämonen vertreibt. Der Menschensohn ist der, der sich in den Sündern sieht, indem er ihre Sünden vergibt. Der Menschensohn ist der, der sich mit den »Unmenschen« identifiziert, um sie »Menschen« zu nennen. Weil er sich in den Armen, Hungrigen und Gefangenen erkennt, nennt er sie »meine geringsten Brüder« (Matth. 25, 40). Schon am Weg Jesu wird diese Gemeinschaft Gottes mit dem gottlosen Menschen sichtbar. Der Mensch wird offenbar als das auf Jesu Weise von Gott angenommene und geliebte Wesen, und Gott wird durch ihn offenbar als dieser menschliche Gott.

Das wird dann noch einmal an Jesus selbst konzentriert sichtbar. Der ausgestoßen von seinem Volk und verlassen von seinen Jüngern, ja verlassen von seinem Gott selbst am Galgen stirbt, wird als der »Gott für uns, die Verlassenen« verkündigt. In der Hölle der Verlassenheit von Gott und den Menschen sterbend, bringt er Gottes Gemeinschaft, die Liebe genannt wird, zu denen, die in ihrer Hölle alle Hoffnung fahren lassen, und gibt ihnen Zukunft. Darum sagt der Glaube über den Gekreuzigten beides: Ecce Homo — Sehet den Menschen in der Wirklichkeit seiner ganzen Verlassenheit. Und: *Ecce Deus* — Sehet Gott in der Wirklichkeit seiner unendlichen Liebe, mit der er sich selbst verläßt, um der Verlassenen Gott und der sich selbst Aufgebenden Vater und der sich selbst Verklagenden Freisprecher, aber auch der sich selbst Rühmenden Richter zu sein.

In diesem Gekreuzigten haben sich in der Geschichte immer wieder Menschen selbst erkennen können. Sie haben die Illusionen über sich selbst aufgegeben und in seinen Wunden ihre Wunden und in seiner Verlassenheit ihre Verlassenheit entdeckt. Sie haben auch ihre Resignationen verlassen und ihre berechtigten Verzweiflungen über sich selbst aufgegeben, weil sie in seiner Solidarität mit ihrem Elend die Menschlichkeit Gottes und jene Liebe fanden, die ihnen die Scham, den Kummer und die Selbstanklage nahm.

Der Gekreuzigte gehört zu keinem Volk, keiner Rasse und keiner Klasse. Als Bruder der Ausgestoßenen und der Verachteten und der Deklassierten faßt er die menschliche Gesellschaft an ihrem untersten Ende, dort wo alle diese Differenzen von Kultur, Sprache und Besitz keine Rolle mehr spielen, wo Menschen, ob Jude oder Heide, ob Grieche oder Barbar, ob Herr oder Knecht, ob Mann oder Frau, in ihrem Elend eins sind. Sowenig man einem Totenschädel ansieht, ob er von einem Reichen oder einem Armen, einem gerechten oder einem ungerechten Menschen stammt, sosehr werden auch in dem menschlichen Elend, das am Gekreuzigten offenbar wird und dem die Liebe Gottes gilt, die im Gekreuzigten real wird, jene Differenzen aufgehoben, mit denen Menschen sich von anderen Menschen trennen.

Der tiefste Grund für den christlichen Universalismus liegt nicht im Monotheismus: »ein Gott — eine Menschheit«, sondern im Glauben an den Gekreuzigten: der »gekreuzigte Gott« nimmt die Menschen in ihrer gemeinsamen Unmenschlichkeit an. Gott wurde Mensch, um aus stolzen und unglücklichen Göttern wahre Menschen zu machen *(Luther)*.

Das Kreuz ist darum der Punkt der Differenz zwischen Christentum und Weltreligionen. Das Kreuz unterscheidet den Glauben vom Aberglauben. Das Kreuz ist der Differenzpunkt gegenüber Ideologien und humanistischen Menschenbildern. Das Kreuz unterscheidet den Glauben vom Unglauben. Christliche Anthropologie ist eine Anthropologie des Gekreuzigten: in Beziehung zu diesem »Menschensohn« erkennt der Mensch seine Wahrheit und wird er zum wahren Menschen. Zwar hat es im historischen Christentum immer wieder auch Entwürfe einer »christlichen Kultur« mit »christlichen Menschenbildern« gegeben. Doch waren es dann oft Nichtchristen, wie zum Beispiel *Marx* und *Nietzsche*, die die Christen an den Gekreuzigten und die Elenden erinnern mußten. Die Erinnerung an den Gekreuzigten ist sowohl für die etablierte Kirche selbst wie für eine Gesellschaft, die ihre Idole und Tabus aufrichtet, um sich selbst zu sichern, eine gefährliche Erinnerung. Denn es geht von dieser Erinnerung immer wieder ein Bildersturm der Befreiung gegen die Bilder des schönen und frommen Scheins aus, in denen Menschen leben und mit denen sie sich und andere um die Wahrheit betrügen.

Christliche Anthropologie macht die biologische, kulturelle und religiöse Anthropologie nicht überflüssig, aber sie läßt sich auch nicht auf jene reduzieren. Daß zwischen den Spiegeln und Masken, in denen Menschen sich begegnen, die harte Wirklichkeit des Gekreuzigten repräsentiert wird, das ist das Besondere an der christlichen Lehre vom Menschen.

II. Humanismus in der Industriegesellschaft

A. »Wer auf dem Tiger reitet, kann nicht mehr herunter«

Nachdem wir im ersten Kapitel die Frage: »Was ist der Mensch?« in den großen Dimensionen des Lebens lokalisiert haben und von der biologischen Anthropologie, der Kulturanthropologie, der religiösen und der christlichen Anthropologie sprachen, kommen wir jetzt zu den konkreten sozialen und politischen Problemen der Humanität in der heutigen Industriegesellschaft[16].
Die Situation, in der heute alltäglich nach den Bedingungen und den Möglichkeiten der Humanität gefragt wird, ist durch die neue Umwelt des Menschen bestimmt. Der Mensch lebt nicht mehr so sehr im Raum der Natur, sondern immer mehr in der Umgebung seiner eigenen Werke, Organisationen und Techniken. Ein großer Teil der Menschen verdankt sein Leben der modernen Medizin und nicht mehr einfach der Natur. Ein anderer Teil der Menschheit büßt sein Leben durch unmenschliche Kriege, durch politische Bedrückung und ökonomische Aushungerung ein. Die nackte Existenz sowie die praktische Lebensführung werden immer mehr abhängig von dem, was Menschen gemacht haben und machen, was die organisierte Gesellschaft gibt und verlangt, was

politische Entscheidungen bestimmen und was Marktschwankungen produzieren. Kraft Wissenschaft und Technik kann die Menschheit zum ersten Mal in der Geschichte danach streben, sich von der Tyrannei der Natur zu befreien, die sie seit eh und je geplagt hat. Im Vollzuge dieser Befreiung des Menschen von den undurchschauten Mächten der Natur kommt aber der Mensch zugleich in eine neue Abhängigkeit von seinen eigenen Werken und Organisationen. In dem Maße, wie die Ontokratie der Natur aufgehoben wird, entstehen Technokratien und Bürokratien, die mit ähnlich anonym verhüllter Macht den Menschen abhängig und ohnmächtig machen. Obgleich es noch genug Naturkatastrophen gibt, fürchten Menschen heute mehr die Sozialkatastrophen, Inflationen und Revolutionen. Obgleich der menschliche Leib noch genug natürliche Krankheiten erleidet, fürchtet man heute mehr die Zivilisationskrankheiten und eine zukünftige biomedizinische Manipulation von Menschen durch andere Menschen. Unsere Kinder erfahren immer seltener den natürlichen Alterstod von Familienangehörigen und immer häufiger den gewaltsamen Verkehrstod anderer Kinder. Das Lebensgeschick von Menschen ist immer mehr ein politisches geworden, aber die Politik ist darum noch nicht menschlicher geworden. Zwei Problemfelder sind aus dieser neuen Situation des Menschen entstanden: a) der Mensch hat im Geflecht seiner Gesellschaft ein neues Umgebungsbewußtsein entwickelt, und b) der technische Fortschritt um seiner selbst willen ist fragwürdig geworden.

Lernt einer Autofahren, so hat er zunächst das Gefühl, mit seinem kleinen Leib in einer großen, fremden Maschine zu sitzen. Dann aber lernt er, sich mit dieser Maschine zu identifizieren. Er gewinnt ein Gefühl für die äußeren Maße seines Wagens. Er verschmilzt mit seinem Auto zu einer Verkehrseinheit. Sein Wagen wird zu seinem Leib. Hat er dann einen Autounfall, so sagt er nicht: »Der andere hat mit seinem Wagen meinen Wagen angefahren«, sondern er sagt: »Der andere hat *mich* angefahren.« Oft fühlt er sich dann beleidigt, und es bedarf erst einer gewissen Besinnung, damit er wieder Abstand von seinem beschädigten Wagen gewinnt, für den Versicherungen eintreten. Das Auto wird also nicht nur als Material der Fortbewegung, als »fahrbarer Untersatz« verstanden, sondern als Teil des eigenen Selbst. Der Fahrer ist nicht nur der Herr seines Wagens, der Wagen wirkt auch wie sein eigener Leib auf ihn zurück und prägt ihn seinerseits. Eine ähnliche Ausweitung des Selbstbewußtseins ereignet sich in der Arbeit in einer Fabrik, im Geschäft, im Krankenhaus, beim Zeitunglesen und Fernsehen. Das Material, an dem einer arbeitet, ist zugleich auch das Medium, in dem er sich bewegt. Die Aktivität, die er entfalten kann, ist begleitet von Einwirkungen, denen er sich aussetzt. Er selbst existiert im Zusammenspiel zwischen seiner Umgebung und sich selbst. Es wird immer schwerer, zwischen ihm selbst und seiner von Menschen gemachten Umwelt zu unterscheiden, denn seine Werkzeuge sind keineswegs nur die Instrumente, deren er sich souverän bedient, sie sind zugleich ein Teil seiner eigenen Gestalt, so wie er ein Teil ihrer Gestalt ist. Das Verhältnis von Mensch und Maschine, wenn wir hier »Maschine« im weiteren Sinne des menschlichen Werkes verstehen, ist nicht das Verhältnis von Subjekt und Objekt oder Subjekt und Instrument, sondern eher eine neue einheitliche Mensch-Maschine-Gestalt[17].

Was für den Menschen in seinem Wagen gilt, gilt auch für seine Teilnahme an größeren Einheiten. Welches neue kollektive oder großräumige Bewußtsein entsteht durch das Fernsehen? Man wird zum Zeitgenossen weit entfernter Menschen und nimmt an ihren Leiden teil. Welches neue Bewußtsein entsteht durch die ständige Teilnahme an Kultur, Wirtschaft und Politik? Man wird zum Teilnehmer immer größerer Kreise. Daraus entsteht ein unbegrenztes Solidaritätsbewußtsein. Die Fernsten werden zu Nächsten, auch wenn oft zugleich die Nächsten zu unbekannten Fremden werden. Das Ichbewußtsein diffundiert mit diesem Solidaritätsbewußtsein. Man weiß sich als Teil eines größeren Ganzen. Nur hat dieses Zusammenspiel zwischen dem eigenen Ich und den größeren Zusammenhängen noch keine menschliche Gestalt gewonnen. Durch Zeitungen und Fernsehen nimmt man zwar an den Rassenunruhen in den USA, dem Katastrophenelend in Ostpakistan und den Revolutionen in Lateinamerika teil, aber man kann nicht so darauf reagieren, wie man es müßte. Zwischen passiver Teilnahme und aktiver Teilhabe entsteht ein Mißverhältnis, das den Eindruck der eigenen Ohnmacht steigert und auch unbewußte Schuldgefühle erzeugt. Jeder kennt mehr Elend, als er je ändern kann, denn die Möglichkeiten des aktiven Eingreifens sind gering.

Die Anthropologie wurde bisher auf der Basis des menschlichen Bewußtseins in seiner Beziehung zum Tier, zu anderen Menschen und zu Gott ausgebildet. Die menschliche Umwelt wurde oft als bloße Bühne verstanden, auf der sich das praktische, sittliche und religiöse Drama des Menschen abspielt. Heute wird aber diese Welt des Menschen selbst zum Problem. Es entsteht die Frage nach der menschlichen Gestalt dieser von Menschen gemachten Welt.

Damit kommen wir zum anderen Problem. Die Industrialisierung der modernen Welt war und ist noch heute von einem beispiellosen Glauben an den Fortschritt und an den selbstverständlichen Sinn der wirtschaftlichen Wachstumsrate erfüllt. Man hält den technischen Fortschritt für gleichbedeutend mit menschlichem Fortschritt und belohnt jede große neue Entdeckung in den Naturwissenschaften mit Nobelpreisen. Man glaubt ferner, daß alles, was gemacht werden *kann,* auch gemacht werden *soll,* nur weil es technisch möglich ist, es zu tun. Endlich glaubt man, daß maximale technische Effizienz und grenzenloser wirtschaftlicher, technischer und militärischer Machtzuwachs Werte in sich selbst seien. »Produziere mehr — konsumiere mehr« ist ein Gesetz, das diesen Fortschritt in Gang hält. Das hatte auch einen Sinn, solange die Bedürfnisse und Wünsche der Menschen größer waren als die Mittel zur Befriedigung und Erfüllung. In sogenannten Überflußgesellschaften aber werden die Prinzipien dieses Glaubens menschenfeindlich.

»Jedes Jahr scheinen wir besser gerüstet, das zu erreichen, was wir wollen. — Aber was wollen wir eigentlich?« fragte der französische Zukunftsforscher *Bertrand de Jouvenel,* nachdem schon *Albert Einstein* die Sorge ausgedrückt hatte: »Die entfesselte Macht des Atoms hat alles verändert, nur unsere Denkweise nicht; und so treiben wir einer beispiellosen Katastrophe entgegen.« Vielleicht kommen wir in ein Zeitalter, wo die Anbetung des bloßen technischen und wirtschaftlichen Fortschritts aufhören wird, weil man erkennt, daß die bloßen Prozentzahlen der Wachstumsraten noch gar nichts über die Qualitätsverbesserung des menschlichen Lebens aussagen. Vielleicht werden Wissenschaft und Wirtschaft einmal dazu kommen, nicht nur ihre eigenen Entwicklungen vorauszuberechnen, sondern auch die sozialen, moralischen und humanen Konsequenzen ihrer Unternehmungen vorauszubedenken. Bisher aber scheint es noch so zu sein, als ob alle fleißig die Kohlen des Fortschritts in die Lokomotive der Gesellschaft schaufeln, ohne zu wissen, wer die Lokomotive denn lenkt und wohin sie denn fahren soll. Manche meinen, es werde sich schon alles zurechtlaufen, wenn man nur im Überfluß produziere. Andere denken, daß dieses nicht ihre Aufgabe sei, sondern daß sie als wissenschaftliche und wirtschaftliche Fachleute den Gebrauch ihrer Arbeiten den Politikern überlassen müßten. Aber Technologie ist Macht, und Macht ist niemals neutral. Darum wächst bei vielen von ihnen das Mißtrauen, daß sie und ihre Forschungen mißbraucht werden könnten. Es wächst bei vielen von ihnen das unangenehme Gefühl, daß diese Gesellschaft über der technisch machbaren Zukunft die menschlich wünschbare und erhoffbare Zukunft aus den Augen verloren habe[18]. Viele berufen sich gern auf die objektiven Sachzwänge der Entwicklung und der Konkurrenz, die ihnen keine Wahl lassen. Doch ist das im Grunde ein Fatalismus, der vor der Verantwortung zurückschreckt. Denn jene Sachzwänge sind von Menschen gemachte Zwänge. Die Aufträge an wissenschaftliche Forschung und technische Durchführung fallen nicht aus der Luft. Sie sind der Gesellschaft nur aus der

Kontrolle geraten. Es gibt zu wenige soziale und politische Entscheidungsgremien, die in der Lage wären, die Interessen großer Konzerne oder des *»military-industrial-complex« (Eisenhower)* an die menschlichen Interessen und die sozialen Bedürfnisse zu vermitteln. Die technische Macht wächst und übersteigt die nationalen Grenzen, während die Verantwortungsinstanzen provinziell bleiben und immer weiter ins Hintertreffen geraten.

»Wer auf dem Tiger reitet, kann nicht mehr herunter«, sagt ein altes chinesisches Sprichwort. »Die ich rief, die Geister, werd ich nicht mehr los«, klagte der »Zauberlehrling« in *Goethes* Symbolgedicht. Aus dem Gefühl der Ohnmacht entstehen heute in reicher Fülle antitechnische Affekte. Der Gott der Maschine, der allen alles versprach, erscheint jetzt als ein böser Dämon, der alles ins Verderben zieht. Doch kommt es wohl eher darauf an, diesen Tiger zu zähmen, um mit ihm jene Zukunft zu erreichen, die man erreichen will, als vor ihm zu erschrecken. Es kommt eher darauf an, nach den gelernten Formeln für das Rufen der Geister nun auch jene Weisheit zu lernen, sie zu lenken und zu entlassen, wenn es nötig ist. Dafür aber ist es unumgänglich, die überhitzte Geschichte des Fortschritts »abzukühlen« und ihre Faszination zu überwinden, die den Geist verwirrt, bevor man den »point of no return« erreicht und alle Alternativen verliert und zum Sklaven seiner eigenen Werke wird.

Eine Anthropologie des modernen Menschen muß das Problem aufnehmen, in das der Mensch dadurch gerät, daß er von der Übermacht seiner eigenen Werke radikal verändert, wenn nicht gar erdrückt wird. Sie kann sich nicht in der Beschreibung veränderter Phänomene des Menschlichen erschöpfen, sondern muß nach einer Humanisierung der technokratischen Gesellschaft fragen. Und wenn ernsthaft die Gefahr der Selbstzerstörung des Menschen durch seine eigenen Techniken entstanden ist, dann wird eine solche »Anthropologie in pragmatischer Absicht« immer auch nach der Rettung und dem Heil des so bedrohten Menschen fragen. Die wachsende Unzufriedenheit von Menschen in Überflußgesellschaften, ihre Passivität, ihre Langeweile und ihre Ausbrüche in Absurditäten und Obszönitäten, ihre Angst und ihre Schuldgefühle gegenüber Hungergesellschaften auf Erden zeigen, daß in der Tat die Humanität selbst auf dem Spiel steht.

B. Das »Gespenst der Industriegesellschaft« und die Sehnsucht nach dem »heilen Leben«

»Ein Gespenst geht um in Europa«, aber es ist nicht mehr das »Gespenst des Kommunismus«, wie es 1848 im Eingangssatz zum Kommunistischen Manifest hieß. Es ist das Gespenst der vollkommen mechanisierten Gesellschaft, beherrscht vom Zwang maximaler Produktion und Konsumption, geleitet von Computern, gebildet von Menschen, die zu reibungslos angepaßten Teilen dieser Megamaschine gemacht sind, gut genährt, pausenlos unterhalten, total erfaßt, aber — gemessen an den bisherigen Idealen der Menschlichkeit — passiv, unlebendig und kalt. Die anderen Gespenster, die man kennt und so nennt, die ideologischen Massenbewegungen des Nationalismus, des Faschismus, des Anarchismus und des Linksradikalismus gehören schon zu den versuchten Gespensteraustreibungen, mit denen Menschen sich gegen die erdrückende Übermacht ihrer nicht mehr geliebten Werke zu retten versuchen.

Wie alle Gespenster, so hat auch das Gespenst der modernen Gesellschaft viele Namen. Man nennt es die »kapitalistische Gesellschaft« oder die »bürgerliche Gesellschaft« oder die »Technokratie«. Man spricht vom »Zeitalter der Vermassung« und zugleich vom »personalen Zeitalter«, von der »uniformierten Arbeitswelt« und zugleich vom »pluralistischen Zeitalter«. Weitere Buchtitel ließen sich mühelos anreihen. Wohin man blickt, überall tritt einem ein anderes Phänomen in dieser Welt als besonders typisch entgegen, und man nennt das Ganze dann nach dem Symptom. Weil man das Ganze nicht auf einen Begriff bringen kann, darum findet man nur Symptome. Das ist typisch, denn es zeigt die moderne Begriffsstutzigkeit und Unfähigkeit, das von Menschen Gemachte intellektuell zu durchschauen und menschlich zu bewältigen. »Das wäre, jenseits des Atheismus, die eigentlich gottferne Situation«, sagte *Arnold Gehlen,* »in großen Zusammenhängen leben zu müssen, die man weder geistig noch moralisch, noch affektiv integrieren kann.«[19] Der bisher bekannte Typus Mensch scheint im Prozeß dieser Geschichte zu zerschmelzen. Nichts bleibt, wie es gewesen ist. Die Politik wird durch die neuen Techniken anders. Das Intimverhalten der Menschen ändert sich. Glauben und Denken werden orientierungslos. In diesen Krisen wächst die quasi-religiöse Sehnsucht nach Geborgenheit ebenso wie ein nachreligiöser Emanzipationswille.

Die grenzenlosen Möglichkeiten der technischen Gesellschaft haben von Anfang an im menschlichen Bewußtsein sowohl optimistische Begeisterung wie auch Bilder apokalyptischen Schreckens hervorgerufen. Von diesen Visionen der Hoffnung und diesen Nachtgesichten der Angst müssen wir nun zuerst sprechen, um danach zu den einzelnen Figuren der Sehnsucht nach dem heilen Leben zu kommen.

C. Das ewige Reich des Friedens

Aus der jüdischen und der christlichen Hoffnungsgeschichte ist die Erwartung des messianischen Reiches auf Erden wohl bekannt: Die jetzt Unterdrückten und Leidenden werden einmal, wenn der Messias kommt, auferstehen und mit ihm über ihre Feinde herrschen. Erst danach wird das Ende dieser Welt in einer neuen Schöpfung kommen. Symbolisch sprach man vom »Tausendjährigen Reich«, und daher stammt für diese Erwartung einer innergeschichtlichen Erfüllung der Hoffnung der Ausdruck »Chiliasmus« (chilia = 1000). Noch in der Alten Kirche war diese Hoffnung lebendig; aber je mehr sich dann die christliche Kirche auf den Jenseitsglauben für die einzelne Seele konzentrierte, um so mehr wurde die chiliastische Hoffnung in den religiösen Untergrund der Sekten abgedrängt. Dennoch hat der Chiliasmus eine erstaunlich lebendige Wirkungsgeschichte gehabt. Bei Waldensern, Franziskanern, Hussiten und Joachimiten war er im Mittelalter wirksam; die Wiedertäufer der Reformationszeit riefen 1534 das »Reich Gottes zu Münster« aus; die Bauern waren durch *Thomas Müntzer* davon für ihre Aufstände inspiriert; *Cromwells* »Par-

lament der Heiligen« versuchte ihn in England zu realisieren; in der Aufklärung bei Lessing und im Pietismus jener Zeit tauchte er in geistiger Form wieder auf.
Diese Hoffnung auf ein irdisch erfüllbares Reich des Glücks, des Friedens und der Herrschaft ist auch in die Entwicklung der Industrialisierung eingegangen. Ihre Propheten waren zu Beginn des 19. Jahrhunderts *Saint-Simon* und *Auguste Comte*[20]. Mit ihnen sah das aufstrebende Bürgertum das dritte und letzte Stadium der Geschichte als reale Möglichkeit am Horizont heraufdämmern: ein universales Friedensreich. »Alle Völker der Erde bewegen sich auf dasselbe Ziel zu. Das Ziel, dem sie zusteuern, ist, vom feudal-militärischen Herrschaftssystem zum industriellen, friedlichen Administrativsystem überzugehen. Keine Gewalt kann diesem Vormarsch widerstehen«, sagte *Saint-Simon.* Die Herrschaft von Menschen über Menschen kann abgeschafft werden. Der Staat wird verschwinden, wenn die gemeinsame Verwaltung der Güter geregelt wird. An die Stelle des sakral-militärischen Obrigkeitsstaates wird der Wirtschaftsstaat treten. Die Herrschaft der Priester und der Juristen wird durch die Psychotechniken der Psychologen und die Soziotechniken der Soziologen ersetzt. »Die Gesamtheit der Gesellschaft beruht auf Industrie. Die Industrie ist die alleinige Gewähr für ihr Bestehen. Die Ordnung der Dinge, die für die Industrie günstig ist, ist daher auch die beste für die Gesellschaft.« Ewiger Friede und allgemeine Glückseligkeit werden dann die Menschheit erfassen. Es wird keine Kriege und keine Revolutionen mehr geben, denn alle politischen und sozialen Krisen werden durch soziologisches Herrschaftswissen berechenbar und abwendbar. *Comte* dachte, daß

man vom religiösen Staat zum politischen Staat und dann zum Wirtschaftsstaat fortschreiten könne und daß damit die drei Stadien der Geschichte durchlaufen seien, so daß in der industriellen Menschheitsgesellschaft das »Ende der Geschichte« erreicht werde. Es gibt dann noch grenzenlosen Fortschritt auf allen Gebieten, aber keine grundsätzliche Alternative und darum auch keine Revolution mehr. Die Geschichte wird in der Geschichte beendet. Die industrielle Gesellschaft wird die erste »geschichtslose Gesellschaft« sein. Ihre Bürokratie kann alle Ereignisse der Geschichte zu »Fällen« machen, die nach Präzedenzfällen beurteilt werden. Darum gibt es keine Geschichte mehr, sondern nur noch Kasualien wie in den Handbüchern der pfarramtlichen Praxis.
Das Industriesystem ist dann die völlig homogenisierte Gesellschaft, ein perfektes Netz immanenter Verflechtungen, ohne jede Offenheit für Transzendenz und fürs Transzendieren. Der Mensch darin wird zum »post-historic man«[21]. Er braucht weder geschichtliche Erinnerung noch geschichtliche Hoffnung, weil er zu keinen geschichtlichen Entscheidungen mehr genötigt ist. Was ist das Neue an diesem Zeitalter? Nicht Wissenschaft und Technik selbst, nicht die Schnelligkeit der Weltveränderung durch sie, sondern daß die Menschheit zum ersten Mal die Mittel hat, sich von der Tyrannei der Natur zu befreien. Wir haben die Kraft, die Natur zu erforschen und zu verändern, unser eigenes biologisches Leben unter Kontrolle zu bringen, unser Wetter zu beeinflussen, heute den Mond und morgen das Weltall zu erreichen. Wir sind heute seit der Zeit der Griechen zum ersten Mal wieder von der grundsätzlichen Verstehbarkeit des Universums überzeugt. Unser technisches Kön-

nen ist übervoll von Versprechungen einer neuen Freiheit, erweiterter menschlicher Würde und herstellbaren Friedens. So spricht der *technologische Chiliasmus*[22]. Die moderne industrielle Gesellschaft wird dann als die Erfüllung jener Form christlicher Hoffnung begrüßt. War dem Menschen die Herrschaft über das Erdreich verheißen, so findet sich heute die Erfüllung. Darum kann umgekehrt dieses technische Zeitalter als das verborgene Reich Christi angesehen werden: »Alles ist euer.« Die moderne Großstadt überwindet die Bindungen des Menschen an Stämme und Völker und macht ihn zum mündigen Weltbürger. Die säkulare Stadt, in der sich heute das Wissen und Können der Menschheit konzentrieren und in der die neue Urbanität gelebt wird, ist eine Abschattung der himmlischen Gottesstadt. Wie jene himmlische Gottesstadt nach alter Weissagung keine Tempel hat, so ist die moderne Megalopolis schon religionslos und wird von mündigen Menschen bewohnt. So spricht der *christliche Chiliasmus der Neuzeit*[23].

D. Der Bergungsort im Weltuntergang[24]

Zur gleichen Zeit und völlig parallel zum technologischen Chiliasmus entstand aber auch die Apokalyptik der Technik. Was die einen als Einlösung der kühnsten Träume der Menschheit begrüßten, genau das wurde von anderen als Eintreffen der schlimmsten Befürchtungen der Menschheit verstanden. Das neue Zeitalter ist das Zeitalter der seelenlosen Maschine. Die Fabriken zerstören die Schönheit der Natur. Sie machen aus dem »Hain« einen Haufen verwendbaren »Holzes«, so daß man erst nachträglich wieder Naturschutzparks einrichten muß. Sie machen aus den Tempeln Steinbrüche, bis man erst nachträglich die Denkmäler der Vergangenheit für Touristen wiederherstellen muß. Der Mensch selbst wird zur »Marionette« in einer Gesellschaft, in der wie im Marionettentheater alles »wie am Schnürchen« geht. Die Fülle, die Buntheit, die organische Bewegtheit des Lebens gerinnt zum Uhrwerk eines überall durchkalkulierten Mechanismus. Das kalte Licht des berechnenden Verstandes zerstört jedes Gefühl für die Poesie des Lebens. Aus menschlicher Gemeinschaft wird eine bloße Interessengesellschaft. Aus der Kultur wird die Zivilisation. Die Personen verlieren sich in der Masse. Man lebt, ohne das Leben zu erleben, und so verbreiten sich Gefühlskälte und Erlebnisarmut zu Massenphänomenen.

Das Industriezeitalter ist von Anbeginn an von allen möglichen Formen des Protestes, der Kritik und der Flucht begleitet worden. In der Welt der eintönigen Pflichten, Zwecke und Nutzwerte scheint das Leben durch die Finger zu rinnen, die es halten wollen. Die moderne Arbeitsteilung und Spezialisierung nimmt jeden einzelnen nur noch partiell in Anspruch. Sein Wesen aber verkümmert. So entsteht die Sehnsucht nach dem verlorenen, einfachen oder noch nicht gefundenen, vollen Leben.

Friedrich Schiller hat das klassisch formuliert: »Wir sehen nicht bloß einzelne Menschen, sondern ganze Klassen von Menschen nur einen Teil ihrer Anlagen entfalten, während die übrigen, wie bei verkrüppelten Gewächsen, kaum mit matter Spur angedeutet sind.« »Ewig an ein einzelnes kleines Bruchstück des Ganzen gefesselt, bildet sich der Mensch selbst nur als Bruchstück aus; ewig nur das eintönige Geräusch des Rades, das er umtreibt, im Ohre, entwickelt er nie die Harmonie seines Wesens, und anstatt die Menschheit in seiner Natur auszuprägen, wird er bloß zum Abdruck seines Geschäftes, seiner Wissenschaft« (Über die ästhetische Erziehung des Menschen, 6. Brief). Das ist der Arbeiter, der Funktionär, der »Fachmensch« oder der Fachidiot, wie studentische Universitätsreformer auf gut schillersche Art beklagen. Sie sind deformiert von ihrem Beruf und darum bedauernswerte Karikaturen des »wahren« und »totalen Menschen«, des Vollmenschen, des harmonischen Menschen. Die idealistische Zivilisationskritik hat stets mit dem Bildungsideal der Harmonie gearbeitet und doch nur selten revolutionäre Konsequenzen daraus gezogen.

Die deutsche Romantik hat diese Kritik in die Sehnsucht der ohnmächtigen, schönen Seele gekleidet. *Joseph von Eichendorff* studierte Jura, machte Examen und wurde wohlbestallter Staatsbeamter und pflichttreuer Familienvater. Aber er brachte die Sehnsucht nach dem anderen Leben durch eine Poesie der irrealen Möglichkeiten und der Optative zum Ausdruck: »Ich möcht als Spielmann reisen ...«, »Ich möcht als Reiter fliegen ...«, »Wenn ich ein Vöglein wär ...« Seine Erzählung: »Aus dem Leben eines Taugenichts« zeigt mit seinem Zauber jenes positive Gegenbild der Sehnsucht gegen die harte, eintönige Alltagswelt. *Hermann Hesse* hat diese romantische Wirklichkeitsflucht beredt fortgesetzt in »Unterm Rad«, im »Steppenwolf« und im Buch der Indiensehnsucht: »Siddhartha«. Er ist heute der meistgelesene Dichter im Untergrund der Hippies in Kalifornien.

Romantizismus und Untergrundkulturen sind die beständigen Begleiter der Industriegesellschaft von Anfang an. Hier lebt in säkularer wie in religiöser Gestalt die apokalyptische Weltverachtung weiter. Die alten Apokalyptiker sahen den Weltuntergang mit Schrecken kommen, und sie suchten irgendwo in der Welt jenen »Bergungsort«, wo die Frommen der Katastrophe entrinnen würden. Der Untergrund der modernen Gesellschaft, die Gammler, die Beatniks, die Blumenkinder, die Hippies und Yippies, die Kommunen und Meditationszirkel denken in ähnlichen apokalyptischen Bildern, in denen sie die Wahrheit dieser Welt von Schein, Konvention und Mittelmäßigkeit erkennen, und suchen nach ihrem Bergungsort in der Katastrophe. Was ist das »Industriesystem« anders als »Arbeit, Produktion und Verbrauch« und wieder »Arbeit, Produktion und Verbrauch«; eine sinnlose Wiederkehr des ewig Gleichen! Die Gammler beklagen den Verlust des Ursprünglichen und den Mangel an Schöpferischem in diesem Mechanismus. Sie spielen nicht mehr mit und werden für viele zu Spielverderbern. Sie werden zum Bürgerschreck, denn sie sind frei — und sind darum für viele erschreckte Bürger nur »vogelfrei«. Die Beatniks suchen das Glück und die Schönheiten des Lebens in einer anderen Welt. Sie verachten die Arbeitswelt ihrer Väter, die langweiligen Vorstadtparadiese ihrer Mütter und den stupiden Fernsehkult. Sie wollen auch nicht mehr für eine einstmals bessere Zukunft die Gegenwart der Arbeit opfern, sondern einfach heute so leben, wie sie wollen. »Geh fort! Verlaß die Gesellschaft!« heißt es im Kodex der Hippies. Die leistungsgenormte und produktionsbestimmte Wertskala zieht sie nicht mehr an. Haight Ashbury in San

Francisco oder einsame Inseln oder ländliche Kommunen bilden die letzte Hoffnung der *drop-outs:* »Ein Vorposten der Humanität in einem Land, wo Computer die Vernichtung des vietnamesischen Volkes und die Zerstörung menschlicher Gefühlsregungen in Amerika planen.« Der romantische Traum vom »einfachen Leben«, den schon ihre Eltern einst mit *Ernst Wiechert* träumten, wird ihr Modell, und sie suchen die Realisierung in der Flucht nach rückwärts in die ländliche Idylle oder in der Flucht nach vorwärts in die revolutionäre Zukunft eines endlich »befriedeten Daseins« oder in jener »anderen Welt«, die man durch transzendentale Meditation oder im Haschrausch erreichen kann. »Eine ganz neue Gesellschaft muß aufgebaut werden. Wir wissen nicht, welche Art neuer Gesellschaft. Wir werden es herausfinden«, hieß es bei der *Neuen Linken* in den USA. Der Motor ihrer Revolte ist nicht die unbestimmte Hoffnung auf eine bessere Welt, sondern nur der bestimmte Ekel an der Welt ihrer Väter. Sie kann darum sehr rasch zum apokalyptischen Terrorismus führen: Das Chaos ist schöpferisch und das Nichts gebärfreudig. Wenn diese Welt eingerissen wird, wird die Neugeburt herbeigezwungen.

Romantische Zivilisationskritik hat die Industrialisierung von Anfang an begleitet. Diese wenigen Beispiele mögen Beweis genug dafür sein. In welchen Bevölkerungsschichten aber sind Protest, Ekel und Kritik lebendig? Woher kommen die Romantiker, die Jugendbewegung, die Gammler, Hippies, Beatniks, Provos und die Neue Linke? Sie kommen nur selten aus den armen Schichten des Proletariats, sondern zumeist aus den mittleren und oberen Schichten des Bürgertums, das heißt

aus einer Generation, die Arbeitslosigkeit und Wohnungsnot nicht mehr selbst kennengelernt hat. Es ist eine antibürgerliche Rebellion des Bürgertums und vielleicht die erste Bewegung, die nicht unmittelbar ökonomisch bedingt, sondern nur moralisch motiviert ist.
Wie kommt diese Parallele oder dieser Umschlag vom technologischen Chiliasmus zur apokalyptischen Untergangsstimmung zustande? Es scheint sich hier ein Vorgang zu wiederholen, der sich in der Spätantike abgespielt hat.
Auch die Griechen waren von der logischen Struktur des Kosmos und seiner grundsätzlichen Verstehbarkeit überzeugt. Für die Pythagoräer zeigte der regelmäßige Umlauf der Sterne die Gesetzmäßigkeit und die göttliche Harmonie der Sphären. »Alles ist voll von Göttern«, hatte *Thales* gesagt. Wenn der Mensch mit den Ordnungen der Sphären übereinstimmt, lebt er das göttliche Leben. Die Welt ist seine Heimat. Dann aber folgte der Umschlag zur spätantiken Gnosis. Die Sterne sind hier in ihrer kalten Pracht und unbeirrbaren Regelmäßigkeit wie Gefängniswärter. Die Welt wird als geschlossenes Gehäuse und als universales Zuchthaus verstanden. Nicht göttliche Harmonie verkörpert der Kosmos, sondern finsteres widergöttliches Schicksal *(heimarmene)*. »Ein stählern gewordener Himmel ließ Angst, Auflehnung, Sehnsucht, Beschwörung und Verachtung fühllos an sich abprallen. Buchstäblich sprach man von der ›Eisenmauer‹ des Firmaments«, so deutet es *Hans Jonas* in seinem Buch »Gnosis und spätantiker Geist«[25]. Alle Elemente des griechischen Kosmosglaubens blieben erhalten. Aber die altgriechische Divinisierung des Kosmos schlug um in die gnostische Dämonisierung des Kosmos. Der

Pantheismus verkehrte sich in Pannihilismus. Aus der Weltheimat wurde die Weltfremde, und aus der stoischen Einstimmung in den Kosmos wurde die »große Weigerung« der Gnostiker.

Ein ähnlicher Vorgang vollzieht sich offenbar im spätbürgerlichen Geist bei dem Umschlag vom frühaufklärerischen Chiliasmus zur spätaufklärerischen Apokalyptik. Vermutlich gründet er in der inneren Ambivalenz des Pantheismus selbst. Der alte Pantheismus, der Gott und die Welt in eins zusammenfallen läßt und damit die Grenzen der Immanenz und Transzendenz aufhebt, produzierte die Vorstellung von einer in sich geschlossenen, homogenen Welt: Gott ist das Ganze, und das Ganze ist göttlich. Gott, Natur und Mensch sind eines Wesens. Diese eine Gott-Welt ist darum die Heimat aller Dinge und Wesen, »die in ihr leben und weben«. Hier gibt es keine Differenzen, keine Widersprüche, keine Konflikte und auch nichts Neues unter der Sonne des Pantheismus, denn »alles ist ewig im Innern verwandt«. Die Umkehr ins Gegenteil ist dann leicht vorstellbar: es ist eine Welt ohne Überraschung und ohne Freiheit. Sie ist zu einem ausweglos dichten Gewebe geworden. Darum bietet sie in sich zwar keine Alternative mehr an, aber sie ist als Ganzes ambivalent: sie kann als Heimat und auch als Fremde, als Wohnung wie auch als Gefängnis, als Himmel wie auch als Hölle verstanden werden. Darum breitet sich auf dem Boden rationaler Aufklärung der Blumengarten irrationaler mythischer Religionen aus.

Diese Doppeldeutigkeit des Pantheismus wiederholt sich offenbar im Lebensgefühl der modernen Gesellschaft. Die moderne Industriegesellschaft ist tendenziell ein durchrationalisierter Kosmos von Beziehungen, Verhältnissen und Abhängigkeiten. Alles ist von allem anderen und alle Menschen sind von allen anderen Menschen abhängig. Es gibt keine grundsätzlichen Alternativen mehr für das Überleben der Menschen als nur die beschleunigte Entwicklung der Industrialisierung. Diese Gesellschaft wird damit immer homogener. Sie selbst ist für alle Völker unvermeidlich geworden. Sie kann darum als die Gesellschaft des notwendigen Friedens, als klassen- und konfliktlose Gesellschaft, als vermenschlichte Gesellschaft mit vergesellschafteten Menschen begrüßt und gepriesen werden. Aber sie kann zugleich auch als die »geschlossene Gesellschaft« *(Sartre)* befürchtet und verachtet werden: »Die Hölle, das sind die anderen«. »Die Hölle, das sind wir selbst« *(T. S. Eliot).* Ihre Vision ruft darum sowohl Enthusiasmus wie Melancholie hervor. Sie ist Erfüllung und Entfremdung zugleich. Sie zwingt jeden zum Mitmachen und läßt als Alternative nur noch die »große Weigerung« *(Marcuse)* der modernen Gnostiker, das heißt der Nihilisten und Mystiker, übrig. Die »geschlossene Gesellschaft« kennt nichts Neues unter der Sonne ihrer Neonlichter, sondern erschöpft sich in der unablässigen Reproduktion ihrer selbst und der andauernden Variation des Vorhandenen.

Weil Menschen offenbar diese moderne industrielle Welt überfordert haben und von ihr den *Himmel der Selbstverwirklichung* erwarteten, schlägt die vorgeahnte und schon vielfach erfahrene Enttäuschung um in die Erfahrung dieser Welt als *Hölle der Selbstentfremdung.*

Beide Globaldeutungen lassen sich wohl nur überwinden, wenn Menschen ein freieres und zugleich gelasseneres Verhältnis zu ihren eigenen Werken gewinnen. Wenn sie den Wahn aufgeben, sie seien die Schöpfer ihrer selbst, werden sie auch die Angst verlieren, daß sie die Totengräber ihrer selbst würden. Es sieht nicht so aus, als ob die Hoffnungen auf die volle Menschwerdung des Menschen in einem menschlichen Reich in der Geschichte wirklich wahr werden könnten. Um der Brutalität der gegenwärtigen und kommenden Enttäuschungen dieser Hoffnung zu begegnen und der Melancholie wie dem Terrorismus, die diese Enttäuschungen begleiten, zu entgehen, ist es sinnvoll, nach einem transzendenten Halt für die Hoffnung auf »den Menschen« zu suchen; nicht als Vertröstung auf das Jenseits, sondern als Grund für eine »Hoffnung wider Hoffen« und eine Hoffnung wider das Enttäuschtwerden auf Erden.

Das aber bedeutet für die innere Annahme des Lebens in dieser Welt, daß man diese Welt weder als Himmel der Selbstverwirklichung noch als die Hölle der Selbstentfremdung ansehen darf, sondern als Geschichte und als Kampfplatz zwischen Unmenschlichkeit und Menschlichkeit akzeptieren muß. Das verlangt eine Annahme der gegenwärtigen Situation trotz ihrer Unannehmbarkeit mit ihren Chancen und ihren Enttäuschungen. Es ist das kritische Ja der Liebe, die das absolute Ja der hohlen Begeisterung sowie dessen Gegenteil, das absolute Nein der großen Weigerung, hinter sich läßt.

Kulturkritik und Veränderung der Gesellschaft gibt es nur dort, wo das Bewußtsein des Menschen mit seinen realen Verhältnissen nicht übereinstimmt, wo also Menschen an ihren Verhältnissen leiden und im bewußten Schmerz die Verhinderung der Menschlichkeit durch ihre Verhältnisse erfahren. Veränderung gibt es ferner nur, wenn man glaubt, daß »das, was ist, nicht alles ist«

(Adorno). Man kann drei Typen solcher Ungleichzeitigkeit im Bewußtsein unterscheiden: die *Sozialromantik*, die *innere Emigration* und das *utopische Bewußtsein*. In ihnen lebt heute das, was man als menschliche Rechte in der Industriegesellschaft bezeichnen kann.

E. Sozialromantik

Das menschliche Bewußtsein kann der Entwicklung der konkreten ökonomischen, sozialen und politischen Verhältnisse hinterherhinken. Dann bewahrt sich das Bewußtsein die Erinnerung an frühere Zustände auf und vergoldet sie, wie es das Bewußtsein oft tut, wenn es die Gegenwart mit der Vergangenheit vergleicht. Es schwärmt dann von den guten alten Zeiten, wo auf dem Dorf noch alles im Lot war, wo Menschen noch Gesetz und Ordnung hielten und die Kirche mitten im Dorf stand. Es spricht dann von den Zeiten, als Deutschland noch groß und Amerika noch gut war, und beklagt den Niedergang in Politik und Moral. Die entsprechende Lebensform ist die des Rückzugs (retreatism, *R. K. Merton)*. Man entzieht sich den Erwartungen und Anforderungen der modernen Welt, weil man sie nicht mehr versteht, und zieht sich auf die verflossenen Schönheiten des Lebens zurück. Auch darin lebt ein Nonkonformismus, aber er verändert die Zeiten nicht, sondern bremst sie höchstens, meistens aber bestätigt er sie nur durch ohnmächtige Träume von gestern.

Hinter diesem romantischen Traum nach rückwärts aber steckt noch mehr. Es ist nicht nur der Versuch der konservativen Bewahrung des Guten und Alten gegen eine ungewollte Entwicklung, sondern eine Grundhaltung des Lebens überhaupt. Romantik fragt nach dem Ursprung, an dem die Quellen des Lebens noch ungetrübt fließen, und empfindet damit zugleich die gegenwärtige Geschichte als eine Geschichte des Abfalls und der Dekadenz. Romantik findet den reinen Ursprung in den Traditionen der Vergangenheit. Häufig arbeitet die konservative Reaktion gegen die »Zersetzungs- und Auflösungserscheinungen« der Gegenwart mit der Trilogie »Für Gott, Familie und Vaterland« und kennzeichnet damit die Mächte, die sie für die Mächte des Ursprungs hält. Mit »Gott« ist dann der religiöse Ursprung gemeint. Man erwartet darum zuerst von der Kirche die »Wahrung der heiligsten Güter« und die priesterliche Weihe aller anderen bewahrenden Mächte. Mit »Familie« ist der blutsmäßige und animalische Ursprung gemeint. Man erwartet von ihr ein Gegengewicht gegen die losen Interessenbeziehungen der Gesellschaft. Mit »Vaterland« ist der politische und kulturelle Ursprung gemeint. Man erwartet von der Besinnung auf das gemeinsame »Vaterland« jene Geborgenheit bei Vätern und Führern, die der demokratische Diskussions- und Entscheidungsprozeß zwischen Parteien nicht geben kann und will. Diese Sozialromantik möchte den Menschen, der sein Leben im Bedingten und Abgeleiteten, im Rationalen und Komplizierten führen muß, wieder in die Nähe des Ursprungs führen, um seinem Leben die Reinheit und Geborgenheit wiederzugeben, die er in seiner modernen Welt angeblich nicht findet. Angesichts der aufgeklärten Welt der vernünftigen Interessenkonflikte und -ausgleiche spricht diese Romantik gern vom »Geheimnis der Wirklichkeit«, dem Bauern, Frauen und

Kinder noch nahe sind. Gegen die sogenannte »technisch fabrizierte Welt« spricht sie gern von der »gewachsenen und geschichtlich gewordenen Welt«. Und sie beklagt, daß mit der Auflösung der »gewachsenen« Lebensformen auch die Offenheit für Gott verloren ginge. Als ob in Agrarverhältnissen und in der Zeit des Feudalismus die menschlichen Verhältnisse je so »gewachsen« wären wie die Lilien auf dem Felde und etwa nicht von Menschen »gemacht« worden wären. Die Neigung, alle »gemachten« Verhältnisse und Rechtspositionen, wenn sie nur zwanzig Jahre alt sind, für »gewachsen« zu erklären und für quasi-natürlich »gewordene Rechte« zu halten, ist dafür typisch.

Sozialromantik und politische Romantik sind Begleiterscheinungen der Industriegesellschaft. Sie treten in den Krisen dieser Gesellschaft, wie Inflationen und Arbeitslosigkeit und soziale Umschichtung, hervor. Sie wirken auf verunsicherte Bevölkerungsschichten, besonders auf die »schweigende Mehrheit« *(Nixon).* Sie sind berechtigt, sofern sie einen Protest gegen die entmenschlichenden Folgen des durchgeführten rationalen Systems formulieren. Sie werden aber gemeingefährlich, wenn sie das rationale System selbst ausrotten wollen und dumpfe Gefühle gegen den Verstand mobilisieren, wie es in rechtsradikalen Bewegungen geschieht. Das Christentum sollte erkennen, daß der »Gott«, der mit den Ursprungsmythen von Familie und Vaterland kombiniert wird, nichts mit dem Gott des gekreuzigten Christus zu tun hat, sondern viel eher den Götzen der bürgerlichen Religion gleicht, die es im Islam ebenso gibt wie im historischen Christentum.

Unter »innerer Emigration« verstand man ursprünglich eine passive Widerstandshaltung in Ländern mit politischen Diktaturen. Konnte man dem Druck politischer Gleichschaltung nicht durch äußere Emigration entgehen, so gab es und gibt es doch immer die Möglichkeiten der »inneren Emigration«. Man macht dann äußerlich nur zum Schein mit, soweit das unerläßlich ist, um zu überleben. Innerlich aber fühlt man sich unberührt: »Die Seele war nicht dabei.« In vertrauten Kreisen äußert man Zweifel und Kritik und befreit sich durch politische Witze hinter vorgehaltener Hand vom ungewollten Zwang draußen. Dafür braucht man die privaten Zirkel des Vertrauens in einer Gesellschaft, wo man niemandem mehr vertraut, weil jeder jeden bespitzeln kann. Diese privaten Zirkel müssen keineswegs mit Widerstands- oder Verschwörerkreisen identisch sein. Oft sind es nur Inseln der inneren Emigration, die dem äußeren Druck privaten Ausgleich verschaffen. Doch sind in den Diktaturen genügend Menschen allein wegen Äußerungen in solchen Kreisen verurteilt und hingerichtet worden.
Unter »innerer Emigration« verstehen wir hier einen Rückzug des gebildeten Geistes aus Zuständen, die als geistlos diffamiert werden.

»In des Herzens stille Räume
mußt Du fliehen aus des Lebens Drang!
Freiheit ist nur in dem Reich der Träume,
und das Schöne blüht nur im Gesang« (Schiller).

Diese Haltung ist bei Intellektuellen und gebildeten

Kulturliebhabern besonders verbreitet und bei diesen wiederum besonders stark in der deutschen Bildungstradition vertreten. Denn sie hat in dieser »verspäteten Nation« *(H. Plessner)* nur selten ein positives und praktikables Verhältnis zu Politik und Gesellschaft gefunden. Man will hier gern »mehr sein als scheinen«, im Verborgenen blühen und arbeiten, sich nicht in öffentliche Angelegenheiten einmischen und im politischen »Geschäft« keine »schmutzigen Finger« bekommen. Man hält die ökonomischen Bedürfnisse für »untergeordnete Bedürfnisse«, über die sich der Geist der Weisen und der Edelmut der Gebildeten erhebt — weil er sich das leisten kann. Es ist ein gängiges Vorurteil, daß im öffentlichen Leben nur eine Ablenkung von dem geschehe, was für den Menschen wesentlich ist, also eine Entfremdung von seiner inneren Eigentlichkeit und ein Verfall an die ordinäre Masse. Dieser Bildungshumanismus hat nicht den politischen Humanismus der westeuropäischen Aufklärung kennengelernt und ist ohne die Erfahrungen der bürgerlichen Revolutionen in Frankreich, England und Amerika. Deshalb gibt er sich dezidiert unpolitisch. Er liebt die Kultur und verachtet die Massenzivilisation. Doch die durchrationalisierte Industriegesellschaft gibt ihm überhaupt erst die Freiheit und die Freizeit zum Rückzug in private Räume. Hier kann man eine esoterische Gegenwelt aufbauen, freie Geselligkeit pflegen und sich vom öffentlichen Gesellschaftsverkehr fernhalten. Gerade die Uniformität im Betrieb, im Verkehr und in der Öffentlichkeit gibt eine private Pluriformität in Kultur, Geschmack und Kunst frei. Gerade die Tendenz zu einer monotonen Einheitskultur im öffentlichen Bereich gibt die vielfältigen Möglichkeiten des privaten

Lebens frei. Darum lebt dieser Bildungshumanismus de facto von dem, was er verachtet.

Die Haltung der inneren Emigration lebt bei vielen auch ohne politische Diktatur in der modernen Gesellschaft fort. Da man draußen nur die entmenschlichenden Folgen der sozialen Zwänge sieht, sucht man drinnen die wahre Menschlichkeit zu gestalten. Da man in der Öffentlichkeit nur wenig Freiheit findet, sucht man diese Freiheit privat und in den eigenen Kreisen zu genießen. Hier stellt sich dann oft die Haltung der Ironie ein. Mit Hilfe der ironischen Reflexion und ironischer Bemerkungen zur Lage gewinnt man einen Standpunkt außerhalb der Misere und verschafft sich Distanz gegenüber dem alltäglichen Leben. Doch ist diese Distanz wohl immer eine ohnmächtige Distanz, die nicht zur konkreten Veränderung der Gesellschaft hilft und nicht in jenem Raum, wo die Interessen hart aufeinanderstoßen, bessere Institutionen der Freiheit aufbaut, sondern nur dem eigenen Selbstschutz vor den sozialen Zwängen dient. Die überall beklagte Veräußerlichung des Lebens ruft bei denen, die sie beklagen, die Gegenbewegung der Verinnerlichung auf den Plan. Aber diese Innenkultur der schönen Seelen kritisiert jene Veräußerlichung keineswegs effektiv, sondern lebt selbst auf sehr dialektische Weise von ihr, denn erst jene Versachlichung des öffentlichen Lebens macht den Freiraum der Innenkultur möglich. Mit der inneren Emigration werden im Grunde der verachteten Öffentlichkeit genau jene Kräfte entzogen, die sie braucht, um menschlicher gestaltet zu werden. Je mehr sich der Straßenverkehr auf Autos zurückzieht, um so mehr verwahrlosen die Straßen. Je mehr sich die sogenannten besseren Bevölkerungsschichten in die Vororte zurückziehen, um so mehr verwahrlosen heute die Innenstädte. Je mehr sich die »Gebildeten« aus dem »schmutzigen Geschäft« der Politik zurückziehen, um so »schmutziger« muß sie nach ihrer Auffassung werden. Das ist die Tragik jener Widerstandshaltung, die man innere Emigration nennt. Wenn es eine kulturkritische Haltung gibt, mit der sich Christen in der Neuzeit am engsten verbündet haben, so ist es wohl diese innere Emigration ins Private, Esoterische und Unpolitische. Sollte aber der authentische christliche Glaube nicht eher zur Inkarnation des Menschlichen in unmenschlichen Verhältnissen bereit machen, auch wenn das bedeutet, sich selbst zu entäußern und sein Kreuz auf sich zu nehmen?

G. *Das utopische Bewußtsein*

Endlich gibt es auch die Ungleichzeitigkeit des vorauslaufenden Bewußtseins[26]. Wir sprechen hier von Utopien und meinen damit nichts Negatives. Als sozial utopisch bezeichnen wir ein menschliches Bewußtsein, das sich nicht auf vergangenes oder gegenwärtiges gesellschaftliches Sein bezieht, sondern ein zukünftiges gesellschaftliches Leben ins Auge faßt, das noch nicht da ist. Utopien sind Vorausentwürfe eines gewünschten zukünftigen Zustandes, der im Vergleich mit dem gegenwärtigen Zustand menschenwürdiger, lebenswerter und freier ist.

Es lassen sich hier mit *Bloch* zwei Arten von Utopien unterscheiden: Es gibt *abstrakte Utopien*, deren Entwurf sich gänzlich von der gegenwärtigen Wirklichkeit und ihren offenen Möglichkeiten abgelöst hat und in Gedanken die Luftschlösser einer »anderen Welt« baut. Sie können schön und erhaben sein, aber sie haben leider nicht die geringsten Chancen, jemals verwirklicht zu werden. Menschen, die sich als Realisten bezeichnen, verstehen gewöhnlich alle Utopien als solche Spiele mit irrealen Möglichkeiten und als wirklichkeitsfremde Phantasien. »Das ist doch eine Utopie«, sagen sie: »Das geht doch nicht.«

Es gibt aber auch *konkrete Utopien.* In ihnen überschreitet der Geist die vorhandene Wirklichkeit und sieht in die Zukunft, bezieht aber seinen Entwurf auf die konkreten Widersprüche und Leiden der Gegenwart, damit sie überwunden werden. Konkrete Utopien spielen nicht mit irrealen Möglichkeiten, sondern mit objektiv-realen Möglichkeiten. Sie holen das Notwendige angesichts der gegenwärtigen Not in den Bereich des jetzt real Möglichen herein und motivieren damit konkrete Veränderungen. Konkrete Utopien bieten der Gegenwart die gewünschte Zukunft als eine reale Möglichkeit an. Sie vereinen das gegenwärtige »System« nicht total, sondern decken vielmehr die Zukunft auf, mit der diese Gegenwart schon schwanger geht. Wenn aber jede geschichtliche Gegenwart mit ihrer Zukunft schwanger geht und wenn in jeder gegebenen Wirklichkeit zugleich in reicher Fülle unrealisierte Möglichkeiten stecken, so ist es realistischer, diese Möglichkeiten zu erforschen und zu ergreifen, als sich nur an das Faktische zu halten und sich auf das Vorhandene zu versteifen, wie es die sogenannten Realisten tun. Die sachliche Voraussetzung für konkret-utopisches Denken aber besteht darin, daß die Gegenwart nicht in einem System gefangen liegt und die gegenwärtige Gesellschaft keine »geschlossene Gesellschaft«, sondern eine »offene Gesellschaft« ist. Wo eine Gesellschaft sich zur geschlossenen Gesellschaft formiert und sich selbst von ihren möglichen Entwicklungen und Veränderungen abschließt, da muß das utopische Denken absterben oder eben unterdrückt werden. Die Freiheit des Menschen hat, wenn sie als schöpferische Freiheit verstanden wird, ihren Raum immer im Bereich des Möglichen und in jener Zukunft, die die Gegenwart nach vorn öffnet. Wo eines dieser Elemente — Freiheit, Möglichkeit oder Zukunft — preisgegeben wird, fallen auch die anderen. Das konkret-utopische Denken ist darum für die Freiheit und die Humanität des Menschen unerläßlich.

Wie aber verhalten sich konkrete und abstrakte Utopien zueinander? Es ist wohl immer so, daß der gedankliche Vorgriff ins Real-Mögliche zugleich ins Irreale übergreift. Das noch unmöglich Erscheinende wird oft gerade dadurch möglich gemacht, daß es erhofft und schon vorgestellt wird. Nur wenn man das unmöglich Erscheinende will, kommt man wirklich an die Grenzen des Möglichen. Menschliche Hoffnungen übersteigen meistens die realen Erfolgsaussichten und müssen es auch tun, denn »der Mensch« ist, wie die Dinge liegen, ein ziemlich utopisches Wesen. Das utopische Bewußtsein muß hier immer wieder unterscheiden und kombinieren. Werden konkrete Utopien abstrakt, so verlieren sie ihren Kontakt zu der Wirklichkeit, die sie ändern wollen, ebenso wie zu den Möglichkeiten, mit denen sie jene Wirklichkeit ändern wollen. Dann führen sie zur inneren Emigration oder zum Leben der »großen Weigerung«, das man, ernst genommen, nicht leben kann, ohne schizophren oder infantil zu werden. Statt reale Veränderungen in der Welt ins Auge zu fassen, träumen sie von der ganz anderen Welt, der man nur im Traum begegnet. Aus der bestimmten Kritik dieser und jener Mißstände wird dann die Totalkritik an dieser »bösen Welt«. Umgekehrt aber muß das utopische Bewußtsein sich darüber klar werden, daß seine Reduktion auf konkrete Utopien nicht sehr viel weiter führt als bis zur Verbesserung des schlechten Bestehenden mit Fortschrittsprojekten, die die Verhältnisse der Gegenwart in die Zukunft verlängern. Systemimmanente Kritik und praktische Mitarbeit sind notwendig, wenn man sich überhaupt auf Veränderungen zugunsten einer menschlicheren Gesellschaft einlassen will. Damit aber diese bestimmte Kritik und Mitarbeit von den bestehenden Mächten nicht vereinnahmt wird, muß das utopische Bewußtsein jene »qualitative Differenz« *(Marcuse)* im Auge behalten, die zwischen einer unmenschlichen und einer menschlichen, einer unfreien und einer freien Gesellschaft besteht. Eine *Veränderung* der Welt, die diesen Namen verdienen soll, muß deshalb die Vision von der *anderen Welt* bei sich behalten, auch wenn es richtig ist, daß jene Vision der *anderen Welt* nur in konkreten Veränderungen des Menschen selbst und seiner Welt bezeugt werden kann.

Der christliche Glaube hat kraft seiner Hoffnung auf das Reich des freien Gottes und der freien Menschen diese Unterscheidungen und Kombinationen von abstrakter und konkreter Utopie, von konkreter und abstrakter Kritik in seiner Geschichte mehrfach durchexerziert.

Je *jenseitiger* das Reich Gottes gedacht wurde, um so

totaler wurde die Alternative zu diesem Reich des Bösen und des Todes, und es blieb praktisch nur die Geste der mystischen Weigerung oder die innere Teilnahmslosigkeit übrig.

Je *konkreter* aber das Reich Gottes verstanden wurde, um so kleiner wurde der christliche Nonkonformismus und um so mehr etablierten sich die Großkirchen als moralische und religiöse Anstalten in den Gesellschaften und tauften ihr Zeitalter in »das christliche Jahrhundert« um. Das Reich Gottes wurde dann zum blassen Symbol für die Entwicklungen und Fortschritte der Menschheit. Das Christentum stellte keine Alternative mehr dar und stellte seine Zeitgenossen auch vor keine letzten Entscheidungen mehr.

Wenn sich die Christen auf den Grund ihrer Hoffnung, auf das »menschliche Reich des Menschensohnes« besinnen, so werden diese beiden Wege der »großen Weigerung« und der zahlreichen Anpassungen zu bloßen Randerscheinungen. Der Grund der christlichen Hoffnung liegt in dem Glauben an den *gekreuzigten* Menschensohn. In ihm hat das ganz-andere Reich Gottes auf dieser Erde Fuß gefaßt. Es ist darum »verborgen unter dem Kreuz« *(Luther)* und ist nur erst unter Anfechtung und im Kampf gegenwärtig. Die Nachfolge des Gekreuzigten schafft die *Distanz* der Christen zu dieser »vergehenden Welt«, die man nur haben kann, »als hätte man sie nicht« (1. Kor. 7, 29). Die Nachfolge des Gekreuzigten schafft aber zugleich auch die Kraft zur *Inkarnation* der Liebe in jenen Möglichkeiten, die einer hat und findet. Diese Liebe ergreift dieses Leben, als wäre es alles, und weiß doch zugleich, daß das, was ist, nicht alles ist. Sie entäußert sich so leidenschaftlich, als wäre mit dem Tod alles aus, und hofft doch auf die Auferstehung der Toten. Sie findet Gott im Konkreten und weiß doch, daß alles Konkrete durch Gott transzendiert wird.

III. Menschenbilder und Experimente

Nachdem wir die Formen der menschlichen Ängste und Hoffnungen in der Industriegesellschaft untersucht haben, können wir nun darangehen, bestimmte Entwürfe »des Menschen« zu examinieren, mit denen heute gearbeitet und in denen gelebt wird. Seit der Zeit der Aufklärung, so sagten wir, ist Anthropologie niemals nur die objektive Beschreibung der Eigenarten der Spezies Mensch, sondern immer auch Anthropologie in pragmatischer Hinsicht auf die Humanität des Menschen. Der Mensch ist sich und seinesgleichen nicht nur ein Faktum, sondern zugleich auch ein Wert und ein Ideal. Wie der Kyniker *Diogenes* auf dem Marktplatz von Athen am hellen Tage eine Laterne anzündete, um einen Menschen zu suchen, wie er sagte, so suchen auch wir in Bildern, Entwürfen und den Experimenten des gelebten Lebens nach »dem Menschen«. Neuzeitliche Anthropologien sind ausgesprochen oder unausgesprochen so etwas wie »Briefe zur Beförderung der Humanität« *(Herder)*, nur sind manche von ihnen wie anonyme Briefe und andere schwer leserlich. Wir werden uns in diesem Kapitel mit jenen Anthropologien beschäftigen, die von Menschen zur Selbstdeutung ihres Lebens und ihrer Gesellschaft gebraucht werden und die sich auch für diesen Zweck anbieten.

Da diese Anthropologien Entwürfe jener Humanität enthielten, nach der Menschen in ihren Erfahrungen der Unmenschlichkeit fragen, bieten sie immer auch *Heilslehren* an. Sofern der Mensch sein Leben in seiner Gesellschaft als geteilt und zerrissen durch eine Vielzahl von Interessenkonflikten erfährt, fragt er nach seiner Identität, nach seiner Ganzheit, und das heißt nach seinem Heil. Die genannten Anthropologien bieten darum Entwürfe des *ganzen Menschen* oder des *idealen Menschen* oder des mit sich *einigen Menschen,* und diese Entwürfe sind im Grunde alle Entwürfe des *heilen Menschen* und einer *befreiten* oder der *befriedeten Gesellschaft.* Es sind säkulare Soteriologien (Heilslehren), die auch quasi-theologische Denkschemata verwenden. Während die theologische Anthropologie immer Heilslehre war und von der guten Schöpfung des Menschen, seinem Sündenfall und seiner Wiederherstellung durch die Gnade Gottes sprach, schattet sich dieses Schema noch in den säkularen Bildern von des Menschen Identität, von seiner Entfremdung und der Wiederherstellung seiner Eigentlichkeit, mit denen jene Anthropologien arbeiten, ab.

Nun gibt es Wissenschaftler, die um der Reinheit des Wissenschaftsbegriffs willen die Soteriologie völlig aus der Anthropologie verbannen wollen und darum jeden Entwurf, der ein Bild der Humanität gegen die Erfahrungen menschlichen Unglücks stellt, quasi-theologischen Denkens bezichtigen, als sei dieses nur ein infantiles Denken. Allein, der Mensch ist nicht nur ein stummes Objekt für wissenschaftliche Betrachtung, sondern ist zugleich auch Subjekt seines Lebens, seines Unglücks und seines Glücks. Keine Wissenschaft wird ihm die

Frage nach seinem Heil beantworten, aber er wird die Wissenschaften zu seinem Heil oder seinem Unheil gebrauchen. Gerade in der Wissenschaft und Praxis des Menschen sind Kenntnisse und Wertungen notwendig miteinander verknüpft. Auf Grund der Konstitution des Menschen, der »Mensch ist und Mensch zu sein hat«, sind Anthropologien deskriptiv und normativ zugleich. Es hat darum keinen Sinn, die Wertungen und Normen und die Heilslehren aus der Anthropologie auszuschließen, wohl aber ist es notwendig, sie zu erkennen und zur Diskussion zu stellen, damit man von ihnen nicht unbewußt überrumpelt und vereinnahmt und unter dem Schein angeblicher Wissenschaftlichkeit von Weltanschauungen und Heilslehren beherrscht wird. Die Reihe der Menschenbilder und Experimente, die wir auf ihre impliziten Heilslehren befragen wollen, ist nicht vollständig, aber sie bietet sich der gegenwärtigen Umschau an.

A. Die Utopie des totalen Menschen

Die besondere Bedeutung von *Marx* für die moderne Anthropologie liegt darin, daß er als erster den Versuch unternahm, die neuen Verhältnisse der aufkommenden kapitalistischen Industriegesellschaft *anthropologisch* zu lesen und zu deuten[27]. »Die Geschichte der Industrie« ist »das aufgeschlagene Buch der menschlichen Wesenskräfte, die sinnlich vorliegende Psychologie, die bisher nicht in ihrem Zusammenhang mit dem Wesen des Menschen, sondern immer nur in einer äußerlichen Nützlichkeitsbeziehung gefaßt wurde«[28]. Darum tritt für ihn das, was manche in idealistischer Überheblichkeit »die untergeordneten Bedürfnisse« nennen, in den Mittelpunkt des menschlichen Geschicks. In seiner sinnlichen *Arbeit* steht für den Menschen nicht weniger auf dem Spiel als er selbst, sein Wesen oder sein Unwesen, seine Menschlichkeit oder seine Unmenschlichkeit. Nirgendwo anders als in seiner Arbeit findet der Mensch den Spiegel, der ihm praktisch zeigt, wer er ist. »Was die Menschen *sind*, fällt zusammen mit dem, *was* sie produzieren, als auch damit, *wie* sie produzieren.«[29] Es gibt kein Wesen, das der Existenz des Menschen vorangeht, sondern der Mensch ist umgekehrt das, was er aus sich macht. Er ist der Produzent und das Produkt seiner Arbeit.

Damit sind wir bei der anthropologischen Voraussetzung, von der *Marx* ausgeht, die er aber mit der gesamten Tradition des Humanismus seit *Aristoteles* teilt: Der Mensch ist das, was er aus sich macht. Handelt er gerecht, so wird er gerecht. Handelt er unmenschlich, so wird er zum Unmenschen. Das Wesen des Menschen liegt in seiner Arbeit.

Betrachtet man unter diesem Gesichtspunkt die bürgerliche und kapitalistische Arbeitswelt, so wird man zusammen mit *Marx* finden, daß in ihr für den Lohnarbeiter »ein völliger Verlust des menschlichen Wesens vorliegt«. Der Arbeiter wird gezwungen, seine Arbeitskraft und seine Arbeitszeit zu veräußern. Er arbeitet unter fremdem Zweck und für den Gewinn anderer. Sein Lohn reicht gerade dazu, seine Arbeitskraft zu erhalten, damit er sie wiederum verkaufen kann. Seine Lohnerhöhungen reichen immer nur so weit, wie Kaufkraft zum Absatz der Industrieprodukte notwendig ist.

Aber weiter reichen sie nicht. Er kann also seine Arbeit nicht als seine eigene Arbeit erkennen. Er kann die Produkte seiner Arbeit nicht als seine eigenen Produkte ergreifen. Er hat kein Eigentum an den Produktionsmitteln. Nimmt er seine Arbeitswelt als *Spiegel seines Wesens,* so zeigt sie ihm nicht sein Wesen, sondern nur seine Unwesentlichkeit, nicht seinen Reichtum, sondern seine Armut, nicht seine Leistungen, sondern nur seine Ausbeutung. Ist der Mensch das, was er aus sich macht, dann ist umgekehrt das, was der Lohnarbeiter aus sich zu machen gezwungen ist, nicht etwas Menschliches, sondern etwas Unmenschliches. Er vollbringt nur entfremdete Arbeit und produziert seine eigene Entfremdung. Damit sind wir bei dem Hauptbegriff der Kritik, den *Marx* verwendet: *Entfremdung.* Er übernimmt ihn aus der Philosophie des deutschen Idealismus, von *Fichte* und *Hegel.* Mit *Entfremdung* wird zu einem Teil der Mythos vom Sündenfall der Menschheit und ihrer Vertreibung aus dem Paradies in die Fremde auf den Begriff gebracht. Zum anderen Teil ist aber auch die gnostische Tradition auf ihn eingegangen, wonach der Urfall nicht in einer *Schuld* der Menschen, sondern einem anfänglichen *Schicksal* der einen Gottheit selbst gründet. Er bezeichnet also die Situation, in der der Mensch sein wahres Wesen verloren hat und sich selbst fremd geworden ist. Er schließt in sich die positive Hoffnung auf Heimat ein, daß der Mensch aus seiner Verlorenheit sich wieder zurückgewinnen muß, um zu werden, was er wesentlich ist: der mit sich und der Menschheit identische Mensch[30].

Der Begriff der Entfremdung wird aber von *Marx* aus der religiösen und metaphysischen Spekulation herausgenommen und auf konkrete Arbeitsverhältnisse in der kapitalistischen Gesellschaft angewendet. Mit dem Begriff der *entfremdeten Arbeit* meint *Marx* drei Beziehungen: erstens das Verhältnis zum Produkt seiner Arbeit, zweitens das Verhältnis des Arbeiters zu seiner Arbeit selbst, drittens das Verhältnis des Arbeiters zur Gesellschaft, für die er arbeiten muß.

1. In der kapitalistischen Gesellschaft muß sich der Arbeiter zum Produkt seiner Arbeit wie zu einem fremden Gegenstand verhalten, der ihm nicht gehört. Er wird durch *Ausbeutung* um die Aneignung seiner eigenen Produkte gebracht. »Je mehr der Arbeiter produziert«, so sah es Marx in seiner Zeit, »um so weniger hat er zu konsumieren, je mehr Werte er schafft, um so wertloser wird er, je geformter sein Produkt wird, um so mißförmiger wird der Arbeiter.« Er arbeitet nicht für seinen eigenen Gewinn, sondern für den Gewinn anderer, und so verliert er mit seiner Arbeit auch sich selbst.

2. Der Arbeiter verhält sich aber auch zu seinem Arbeiten selbst wie zu einem fremden Vorgang, denn nicht er, sondern die Eigentümer der Produktionsmittel bestimmen den Arbeitsvorgang. Die Entfremdung vom Produkt seiner Hände ist die Folge der kapitalistischen Produktionsverhältnisse. Die Entfremdung vom Arbeitsvorgang ist dagegen eher eine Folge der industriellen Produktionsweise. Hinter den typisch kapitalistischen Entfremdungs-Ausbeutungsphänomenen kommen hier typisch industrielle Entfremdungsphänomene in Sicht, die nicht schon mit kapitalistischen Eigentumsverhältnissen identisch sind. Hier ist »die *Teilung der Arbeit* der nationalökonomische Ausdruck der Gesellschaftlichkeit der Arbeit innerhalb ihrer *Entfrem-*

dung«[31]. Arbeitsteilung und Spezialisierung aber sind Eigenarten jeder bisher bekannten Industriegesellschaft, nicht nur der kapitalistischen. Der Fluch der Arbeitsteilung liegt nach *Marx* darin, daß der Mensch in seiner Lebensäußerung parzelliert wird und sich nur in einem Beruf und den immer gleichen Handgriffen seines Arbeitsplatzes verwirklichen kann. Er wird zum Berufsmenschen deformiert. Er wird zum Knecht seiner eigenen Verhältnisse. »Woher kommt es, daß ihre Verhältnisse sich gegen sie verselbständigt haben, daß die Macht ihres eigenen Lebens übermächtig gegen sie wird?«, fragte *Marx* und antwortete: »Mit einem Wort: die Teilung der Arbeit.« »Die Arbeitsteilung reduziert den Arbeiter auf eine degradierende Funktion. Dieser degradierenden Funktion entspricht eine depravierte Seele.«[32]

3. Endlich ergibt sich aus den kapitalistischen Eigentumsverhältnissen an den Produktionsmitteln und der arbeitsteiligen Produktionsweise im ganzen eine Klassengesellschaft, die der junge *Marx* treffend als »Gesellschaft des Habens« bezeichnete, weil in ihr das Geld und die Waren Fetischcharakter annehmen und als neue Götzen Menschen um ihre authentischen menschlichen Möglichkeiten bringen. »Das Privateigentum hat uns so dumm und untätig gemacht, daß ein Gegenstand erst dann der unsrige ist, wenn wir ihn *haben* ... An die Stelle aller physischen und geistigen Sinne ist daher die einfache *Entfremdung* aller dieser Sinne, der *Sinn des Habens* getreten.«[33]

Diese drei Ebenen, auf denen *Marx* die Entfremdung des Arbeiters analysiert, muß man auseinanderhalten, obwohl sie natürlich zusammenhängen, und zwar besser, als *Marx* selbst es tat.

Entfremdung kommt durch Ausbeutung im Rahmen des Privateigentums an den Produktionsmitteln zustande.
Entfremdung kommt durch Arbeitsteilung und Spezialisierung im Rahmen der industriellen Produktion zustande.
Entfremdung ergreift endlich die Gesamtgesellschaft durch den Warenfetischismus und den Zwang zur Habsucht.
Wie sieht das positive Gegenbild zur kritisch analysierten Entfremdung des Arbeiters aus? Der Gegenbegriff zur Entfremdung ist bei *Marx* der *Begriff der Totalität.* Das Gegenbild zur Fremde ist das Bild der *Heimat.* Das Gegenteil zu Zerrissenheit, Widerspruch und Konflikt ist die *Harmonie.* Auch hier zeigt sich *Marx* als Schüler bester humanistischer Traditionen. Gegen die soziale Zerrissenheit des Menschen hatte *Rousseau* schon das Ideal des natürlichen ganzen Menschen, des Vollmenschen, aufgestellt, der sein inneres Wesen ungehindert und unverkümmert nach allen Seiten entfalten kann. Bei *Schiller*, *Goethe* und *Hölderlin* finden wir einen ähnlichen Humanitätstraum vom allseitigen und tiefsinnigen und harmonischen Menschen. Der junge *Marx* sprach selbst vom *totalen Menschen.*
Nur hatten die Klassiker dieses Humanitätsideal sozialromantisch verstanden und die ländliche Idylle oder die griechische Antike idealisiert. *Marx* erst hat diese Vision vom totalen Menschen sozialkritisch und revolutionär in die kapitalistische Arbeitswelt hineingetragen. Gemessen an diesem Ideal des *wesentlichen Menschen* kann die moderne Welt auf den genannten drei Ebenen nur als dehumanisierend und entfremdend verstanden werden. *Marx* sah zwar, daß in dieser Gesellschaft Men-

schen in allen Klassen entfremdet sind. Im Proletariat jedoch liegt dieses Elend offen zutage. Darum muß das gänzlich entfremdete Proletariat zum Subjekt der menschlichen Befreiung der Menschen aller Klassen werden, denn es gehört zu keiner Klasse. »Die Philosophie kann sich nicht verwirklichen ohne die Aufhebung des Proletariats, das Proletariat kann sich nicht aufheben ohne die Verwirklichung der Philosophie«, sagte *Marx* und meint mit Philosophie hier den Gedanken der Humanität[34]. Er hat sich nicht mit dem Schein der schönen Theorie und der bloßen Idee der Versöhnung begnügt, sondern Theorie als Praxis und Versöhnung als reale Überwindung der Entfremdung verstanden.

Es folgt daraus erstens auf der Ebene der kapitalistischen Eigentumsordnung, daß die Aufhebung des Privateigentums an den Produktionsmitteln und ihre Sozialisierung die Ausbeutung des Arbeiters überwindet und ihn dazu bringt, sich in den vollen Genuß der Produkte seiner eigenen Arbeit zu setzen. Der Entäußerung in der Arbeit entspricht dann die Aneignung der Produkte der Arbeit. In der Dialektik von Entäußerung und Wiederaneignung seiner selbst kommt der Mensch zu sich selbst. »Der Mensch eignet sich sein allseitiges Wesen auf eine allseitige Art an, also als ein totaler Mensch.«

Es folgt daraus zweitens auf der Ebene der industriellen Produktionsweise, daß auch die Arbeitsteilung als Ursache der Entfremdung überwunden werden muß. Der junge *Marx* dachte: »Sowie nämlich die Arbeit verteilt zu werden anfängt, hat jeder einen bestimmten, ausschließlichen Kreis der Tätigkeit, der ihm aufgedrängt wird, aus dem er nicht heraus kann; er ist Jäger, Fischer oder Hirt oder kritischer Kritiker, und muß es bleiben, wenn er nicht die Mittel zum Leben verlieren will — während in der kommunistischen Gesellschaft, wo jeder nicht einen ausschließlichen Kreis der Tätigkeiten hat, sondern sich in jedem beliebigen Zweige ausbilden kann, die Gesellschaft die allgemeine Produktion regelt und mir eben dadurch möglich macht, heute dies, morgen jenes zu tun, morgens zu jagen, nachmittags zu fischen, abends Viehzucht zu treiben, auch das Essen zu kritisieren, ohne je Jäger, Fischer oder Hirt oder Kritiker zu werden, wie ich gerade Lust habe. Dieses Sichfestsetzen der sozialen Tätigkeit, diese Konsolidierung unseres eigenen Produktes zu einer sachlichen Gewalt über uns, die unserer Kontrolle entwächst, unsere Erwartungen durchkreuzt, unsere Berechnungen zunichte macht, ist eines der Hauptmomente in der bisherigen geschichtlichen Entwicklung.«[35] Der ältere *Marx* hat dann im »Kapital« der mechanischen Fabrik die Chancen zur Überwindung der deformierenden Spezialisierung zugeschrieben. »Die automatische Fabrik beseitigt die Spezialisten und den Fachidiotismus.« Obgleich die bisher bekannten sozialistischen Industriegesellschaften nur neue Hierarchien von Funktionären und Spezialisten erzeugt haben, ist doch in einer *postindustriellen Gesellschaft (Herman Kahn)* eine Überwindung der Arbeitsteilung in dem Sinne denkbar, daß die polytechnische Ausbildung die bisherigen Berufsbilder ersetzt und der Arbeiter immer mehr zum Dirigenten automatisierter Arbeitsvorgänge wird und immer weniger ein Knecht mechanischer Arbeiten ist.

Es folgt daraus drittens auf der gesamtgesellschaftlichen Ebene, daß die *Gesellschaft des Habens* durch eine »freie

Assoziation freier Individuen« ersetzt wird. In jener Gesellschaft *ist* der Mensch, was er *hat*. Er *hat* alles, einen Job, ein Haus, einen Wagen, eine Frau, Kinder, Probleme, Schwierigkeiten und Befriedigungen — aber *ist* nichts in sich selbst. Er erfährt sich selbst nur als einen Habenden und verliert damit alle menschlichen Eigenschaften, in denen er sagen kann: ich bin. Dieser inhumanen Gesellschaft setzte *Marx* die Utopie einer Gesellschaft des authentischen menschlichen Seins entgegen: »Setze den Menschen als Menschen und sein Verhältnis zur Welt als ein menschliches voraus, so kannst Du Liebe nur gegen Liebe austauschen, Vertrauen nur gegen Vertrauen etc. Willst Du Kunst genießen, mußt Du ein künstlerisch gebildeter Mensch sein, wenn Du Einfluß auf andere Menschen ausüben willst, mußt Du ein wirklich anregender und fördernd auf andere Menschen wirkender Mensch sein. Jedes Deiner Verhältnisse zum Menschen und zur Natur muß eine bestimmte, dem Gegenstand Deines Willens entsprechende Äußerung Deines wirklichen individuellen Lebens sein.« An die Stelle der Gesellschaft des Habens tritt die kommunistische, das heißt die allmenschliche Gesellschaft: »Dieser Kommunismus ist als vollendeter Naturalismus = Humanismus, als vollendeter Humanismus = Naturalismus; er ist die wahrhaftige Auflösung des Widerstreits zwischen dem Menschen und der Natur, und mit dem Menschen, die wahre Auflösung des Streits zwischen Existenz und Wesen, zwischen Vergegenständlichung und Selbstbestätigung, zwischen Freiheit und Notwendigkeit, zwischen Individuum und Gattung. Er ist das aufgelöste Rätsel der Geschichte und weiß sich als diese Lösung.«[36]

Die Analysen der Entfremdung des Menschen auf den

genannten drei Ebenen sind also von positiven Gegenbildern begleitet, und diese haben die Funktion der *konkreten Utopie.* Sie stehen im Hintergrund der Gesellschaftskritik und im Vordergrund der verändernden Praxis.

Wir haben in dieser kurzen Darstellung nur die anthropologischen Grundbegriffe von *Marx* herauszustellen versucht. Es ist natürlich eine Frage, ob sie notwendig zum Marxismus gehören oder nur zeitgeschichtliche Denkformen sind, die sich vornehmlich beim jungen *Marx* finden. Auf der anderen Seite muß man aber auch fragen, ob die kritische Analyse des Elends des Menschen und eine verändernde Praxis je ohne solche, über die Erfahrung und über die Erfolge der Praxis hinausreichende Vorstellungen werden auskommen können. Ohne seine humanistischen Traditionen würde auch der Marxismus seine Anziehungskraft verlieren. Es ist darum sinnvoll, kritisch die *Utopie des totalen Menschen* zu untersuchen, ohne daß damit der Anspruch verbunden werden kann, den ganzen Marxismus in den Griff zu bekommen.

Wir beginnen mit einer kritischen Untersuchung des Begriffs der *Entfremdung* und seines Gebrauches. *Marx* verwendet ihn zur Darstellung der konkreten Widersprüche der kapitalistischen Gesellschaft. Nun ist die Überwindung bestimmter entmenschlichender Verhältnisse in bestimmten Situationen notwendig. Aber der Begriff Entfremdung hat es an sich, über die bestimmten Negationen wie etwa *Ausbeutung* oder *Arbeitsteilung* hinauszugehen. *Marx* selbst unterschied nicht scharf genug zwischen kapitalistischen und industriellen Entfremdungsphänomenen. Die Überwindung kapitalistischer

Eigentumsverhältnisse überwindet noch lange nicht die industriellen Dehumanisierungen. Daraus entstehen die Enttäuschungen in sozialistischen Ländern. Der Begriff der Entfremdung verführt aber weiter dazu, auch die religiöse und metaphysische Not der Menschen zu erfassen. »Man unterschied nicht scharf genug zwischen der Entfremdungssituation, die in der bürgerlichen Situation einmalig vorliegt, und der Entfremdung, die zu allen Zeiten sichtbar ist und die zur Existenz des Menschen selbst gehört«, kritisierte *Paul Tillich*[37]. Wenn man beides gleichsetzt, so fällt man der Illusion anheim, daß mit der Überwindung der bürgerlichen Entfremdung auch die innere, existentielle Entfremdung des Menschen aufgehoben werde, was faktisch nicht der Fall ist. Wird eine konkrete Situation mit einem so allgemeinen Begriff wie *Entfremdung* bezeichnet, dann muß die Überwindung dieser Situation mit wiederum so umfassenden Begriffen wie *Heimat* oder *Totalität* verbunden werden. Das aber überfordert die Veränderung, die menschlich und geschichtlich möglich ist, und bringt Menschen in eine *messianische Krise*. Das *Rätsel der Geschichte* wird nicht durch Geschichte gelöst. Es sieht auch nicht so aus, als ob der Mensch sich selbst zum *totalen Menschen* machen könne.

Der *dialektische Materialismus* ist die Dialektik des Konkreten und die Theorie einer bestimmten Praxis. Wo seine Kampfbegriffe darüber hinaus in die Weltanschauung oder die allgemeine Anthropologie greifen, werden sie falsch. Prüfen wir die Idee des totalen, mit sich identischen Menschen an der allgemeinen Konstitution des Menschen: Es gehört zum Menschsein des Menschen, daß er Mensch ist und Mensch zu sein hat. Gegenüber dem

Tier ist er ein Wesen, das »sich selbst über die Schulter sehen kann«, wie *Plessner* es ausdrückte. Er verwirklicht sich und transzendiert doch zugleich alle seine Verwirklichungen. Er ist also niemals vollkommen mit sich selbst identisch. Er steht — verglichen mit dem Tier — in einer *exzentrischen Position* zu sich selbst. Er erfährt seine Identität in einer permanenten Differenz. Seine Totalität wird nur in der Zerrissenheit spruchreif. Er kann nicht so einstimmig mit sich sein wie das Tier. Der mit sich selbst unmittelbar identische Mensch wäre zugleich der lieblose, geistlose und humorlose Mensch. »Unendlich geht der Mensch über den Menschen hinaus«, hatte *Pascal* mit Recht gesagt. Der mit sich selbst vermittels der Menschheitsgesellschaft und der Natur identische Mensch — und das wäre ein weiter gefaßter Totalitätsbegriff — wäre der unendliche Mensch. Er gliche mit seiner bewegten Einheit mit der Menschheit und der Natur dem »ein und alles« der Pantheisten und der coincidentia oppositorum der Mystiker. Die sinnvolle Aufhebung der als Entfremdung kritisierten Arbeitsverhältnisse einer bestimmten Gesellschaft darf also keinesfalls zur illusionären Aufhebung der inneren Spannung der menschlichen Konstitution und der menschlichen Endlichkeit führen. Die Folge wäre jene messianische oder metaphysische Enttäuschung, die, wo sie gespürt wird, in Resignation oder Terrorismus umschlägt. Umgekehrt aber darf die Einsicht in die Konstitution des Menschen und seine Endlichkeit keinesfalls jemals zur Rechtfertigung ungerechter und unmenschlicher Verhältnisse einer bestimmten Gesellschaft verwendet werden. Man kann in keiner konkreten Situation sagen: »Die Menschen sind eben so«, um die Armen am Boden zu halten und den Veränderungswillen zu lähmen. Man kann aber, um eine soziale Situation zu ändern, nicht den Menschen so ändern wollen, daß er sich selbst nicht mehr wiedererkennt.

Die Kategorie der *Entfremdung* kritisiert mehr, als für die humanisierende Praxis erforderlich ist. Sie birgt in sich einen Rest von Romantik und ist deshalb ebenso theoretisch attraktiv wie praktisch unbrauchbar. Sie suggeriert die Hoffnung auf eine Totalität, wie sie für den Menschen nicht wünschenswert sein kann, wenn er Mensch werden will.

Wir kommen damit zur Kritik an der Utopie des *totalen Menschen.* Die Utopie ist das Ergebnis der Religionskritik von *Marx* und *Feuerbach*[38]. Darum steckt in ihr beerbte Religion. Doch auch beerbte Religion hat noch religiöse Momente in sich. *Marx* wollte die Religion aufheben in dem doppelten Sinne ihrer Beseitigung als Illusion und ihrer Verwirklichung durch Revolution. Darum endet seine Religionskritik mit dem kategorischen Imperativ, daß der Mensch das höchste Wesen für den Menschen sei und darum alle Verhältnisse umgeworfen werden müssen, in denen der Mensch ein erniedrigtes und verächtliches Wesen ist. Religion muß kritisiert werden, wenn sie Menschen über ihr Elend hinwegtröstet, wenn sie Menschen an eine überirdische Autorität bindet und unfrei macht. Der marxistische Humanismus ist atheistisch. Atheismus heißt, den Glauben an Gott als ein vom Menschen getrenntes Wesen aufgeben. Wo aber ist Gott dann und wer ist dann Gott? Dann ist der Mensch selbst das höchste Wesen für den Menschen. Die Gattung Menschheit ist dann sein Gott. Wo ist dann die Autorität des Absoluten? Sie steckt dann in dem Totalitätsanspruch des zukünftigen totalen Menschen und der totalen Gesellschaft. Was früher an der Autorität des Absoluten autoritär wirken konnte, wird nun im Totalitätsanspruch der totalen Gesellschaft und ihres totalen Menschen totalitär werden. Ist »Gott« nur die Vorstellung des Menschen von seiner Menschheit, dann übernimmt die Gattung, das heißt die zukünftige Menschheitsgesellschaft, das heißt konkret die Partei, die jene Menschheit als ihre Avantgarde repräsentiert, die Funktionen der göttlichen Autorität. Sie ist so etwas wie der »präsente Gott auf Erden«, darum hat sie auch »immer recht«, gibt dem einzelnen die nötige Integration, erfüllt sein Leben mit Sinn und kontrolliert ihn. Man meint dann, daß die individuelle Existenz durch das gesellschaftliche Wesen, das in ihr steckt, erschöpft sei, was weder dem Individuum noch der Gesellschaft gut bekommt. Es ist kein guter Tausch, wenn an die Stelle der Vergottung der Autorität eine Vergottung der Totalität tritt und das Autoritäre durch das Totalitäre ersetzt wird. Das eine ist so inhuman wie das andere. Der Mensch ist denn doch kein Gattungswesen wie das Tier, auch kein unfertiges. Was für das Tier die Gattung ist, ist für den Menschen die Geschichte, die offene, unabschließbare Geschichte der Humanisierung und Demokratisierung und Sozialisierung des Menschen, die Geschichte seiner Freiheit und seiner Übereinkünfte über die Freiheiten.

Die Zukunftshoffnung des christlichen Glaubens ist nicht »das aufgelöste Rätsel der Geschichte« in der Wesenseinheit von Mensch, Natur und Gott, sondern eine neue Schöpfung des Menschen in seiner Welt, in der die hiesigen Widersprüche zu einer neuen und bleibenden Entsprechung zu Gott aufgehoben werden. Nicht die Totalisierung der Menschenwelt und der Natur ist hier Ziel der Hoffnung, sondern die Entsprechung. Darum richtet sich die christliche Hoffnung nicht auf den »totalen Menschen«, sondern auf den »neuen Menschen«. Der Gott des Exodus aus der Sklaverei und der Gott der Wiedergeburt und der neuen Schöpfung hat nichts mit jenem vertröstenden Jenseitsglauben und jenem autoritären Theismus zu tun, gegen die der kritische Mensch seine Freiheit fordern muß. Der Gott der Hoffnung ist für den christlichen Glauben zugleich der Gott der konkreten Befreiungen von Schuld, Elend und Gesetz. Glaube versteht sich selbst als schöpferische Freiheit zur Liebe, und die Erinnerung an den Gekreuzigten bringt ihn damit in eine Solidarität mit den »Entfremdeten« in einer Gesellschaft. Nicht als die Autorität der Autoritäten wird Gottes Wirklichkeit erfahren, sondern als die Macht der Befreiung des Gebundenen und die Macht der Zukunft für die Hoffnungslosen. Der christliche Glaube hat darum bei aller Diesseitigkeit der verändernden Liebe immer eine Transzendenz der Hoffnung bewahrt. Auch er hat in seiner Geschichte Enttäuschungen erlebt, Verhinderungen und Selbstbehinderungen seiner Hoffnung jeder Art. Er hat aber auch die Erfahrungen der Erneuerung und Wiedergeburt gemacht. Er konnte seine Enttäuschungserlebnisse überwinden, sofern er nicht nur hoffen, sondern auch »wider Hoffen hoffen« konnte. Er verstand die Zukunft Gottes nicht nur als ausstehende ferne Heimat der Identität, sondern zugleich als Ankunft zuvorkommender Gnade in der Gegenwart. *Roger Garaudy* hat die Differenz einmal so bezeichnet: »Das Unendliche ist für den Marxisten ein

Fehlen und eine Forderung, für den Christen eine Verheißung und eine Gegenwart ... Wir Christen und Marxisten erleben zweifellos die Forderung nach dem gleichen Unendlichen, aber die Eure ist Anwesenheit, und die unsere ist Abwesenheit.«[39] Marxisten mögen diesen Eindruck haben. Für Christen aber ist dieses »Unendliche« eine Verheißung *und* eine Forderung, eine anwesende Gnade *und* eine noch ausstehende Zukunft zugleich. Darum leben sie in der Spannung zwischen Glauben und Hoffnung. Würden sie die Forderung der Zukunft Gottes überhören, so würde der Glaube zur angepaßten, religiösen Zufriedenheit mit der Gegenwart führen. Würden sie aber die ankommende Gegenwart der Gnade verachten, so würde die Hoffnung zur Moral der endlosen Anklagen und unendlichen Ansprüche werden. Beides wäre sehr unmenschlich. Das Christentum ist lebendig, wo immer es geschieht, daß Menschen aus ihrer Interessengebundenheit befreit werden und zu einem brüderlichen Leben mit den Unterdrückten aufbrechen, daß Menschen von der Last der Schuld und vom Zwang der Wiederholung befreit werden, daß die Zwangsvorstellungen des Fetischismus gebrochen werden und soziale Zwänge fallen. Die Frage von *Marx* an die Christen lautet jedoch, ob sie diese Befreiung noch als den Anfang der Befreiung der ganzen seufzenden Kreatur empfinden und entsprechende soziale und politische Konsequenzen ziehen. Umgekehrt sollten Christen Marxisten fragen, ob sie nicht bereit sind, auch die Freiheit von jenem Gesetz zu ergreifen, nach dem der Mensch nur das ist, was er aus sich macht. Daß der Mensch Gott und Schöpfer seiner selbst ist, klingt zwar großartig, macht ihn aber mitnichten menschlicher.

Es kommt zwischen Marxismus und Christentum immer wieder zu der Entscheidungsfrage Entweder-Oder. Dann versteht das Christentum den Marxismus als *Ersatzreligion* und der Marxismus das Christentum als feindliche *Gesellschaftsideologie.* Beide Vorstellungen sind falsch, auch wenn es sie leider gibt. Der Marxismus ist *keine Ersatzreligion* und der christliche Glaube *keine Gesellschaftsideologie.* Nur wenn man sich gegenseitig in seiner originalen Stärke ernst nimmt und sich nicht nur seine Fehler und Schwächen vorrechnet, kommt es zu einem fruchtbaren Dialog und zu praktischer Zusammenarbeit. Im ernsthaften Dialog werden beide Partner genötigt, sich auf ihr Wesentliches zu besinnen. Nur dann können sie voneinander lernen. Die Kritik an der »Utopie des totalen Menschen«, die wir hier geführt haben, soll nicht der Abweisung des Marxismus dienen, sondern seiner Befreiung zu sich selbst, das heißt zur Humanität, die in seinen humanistischen Traditionen steckt, aber durch diese eben auch verdeckt ist.

B. Die Revolution von rechts

Die bürgerliche Welt von gestern war der gelebte Traum von Sicherheit, Frieden und größtem Glück für die größte Zahl von Menschen. Das Privateigentum sicherte den Lebensunterhalt und die Altersversorgung. Die Währung war durch Gold gedeckt und zuverlässig. Das Recht garantierte die Gleichheit vor dem Gesetz. Liberalität und Urbanität brauchten die Staatsgewalt nicht mehr als den Nachtwächter, der die Schlafenden bewacht. Ruhe war die erste Bürgerpflicht. Der Jugend war die Zukunft gesichert, wenn sie nur in Laufbahnen der Väter weiterliefen und einmal die Geschäfte übernahmen[40].

Aber eben diese bürgerliche Gesellschaft produzierte die Konflikte, die zu ihrem eigenen Untergang führen. Die Großbetriebe zerstörten die Familienbetriebe. Die Kaufhäuser ruinieren die kleinen Läden. Im steigenden Konkurrenzkampf werden immer weniger wettbewerbsfähig. Die Bankguthaben, die das Leben sichern sollten, wurden durch mehrere plötzliche und die andauernd schleichenden Geldentwertungen mit der Zeit wertlos. Das Recht scheint nicht die Gleichheit der Chancen zu garantieren. Die Jugend lehnt es in immer neuen *Bewegungen* ab, als Nachfolger ihrer Väter in jene Welt von Konvention, Mittelmäßigkeit und *gefühlloser Barzahlung* einzusteigen[41].

Auch abgesehen vom Widerspruch der Arbeiterschaft, die zunächst gar nicht und dann nur mühsam ihren Weg in diese bürgerliche Gesellschaft fand, verwickelte diese sich in Widersprüche, die sie selbst nicht lösen konnte. In Deutschland war das Bürgertum zwar wirtschaftlich zur Macht gekommen, blieb aber seit der mißglückten bürgerlichen Revolution von 1848 politisch unmündig und machtlos. In den USA fühlt sich der gutbürgerliche, stille Amerikaner mißachtet. Er findet sich einer Welt von Enttäuschungen, Pressionen und Ungereimtheiten gegenüber, die er nicht mehr versteht. Er hat mit Abzahlungsgeschäften Haus, Garten, Auto und andere Dinge angeschafft. Er führt ein ehrbares Leben. Er ist aber nicht politisch anerkannt. Er begreift nicht die Unzufriedenheit seiner Frau, seiner Kinder und der Schwarzen. Der Bürger lebt noch in dem Wahn, der

Mittelpunkt des ganzen Getriebes der modernen Welt zu sein, aber im tiefsten fühlt er dunkel, wie überflüssig, macht- und bedeutungslos er geworden ist. Sein Sicherheitsbedürfnis, das er meinte durch seine Arbeit, Sorge und Fürsorge befriedigen zu können, ist zutiefst irritiert und schlägt dann um in innere Angst und in blinden Haß auf jene *anderen,* die an seiner Unsicherheit schuld sein sollen. Die Gesellschaft, die ihn gegen innere und äußere Bedrohungen versichern sollte, macht ihn krank. Darum sucht er sein Heil bei Autoritäten und seine Geborgenheit in Ideologien, die seine bürgerliche Welt selbst von Grund auf zerstören. Eine ganze Gesellschaftsschicht ist damit zum Klassenselbstmord geneigt. Weil er seine Welt der Sicherheit so liebte, beginnt er sie zu hassen, wenn sie ihn im Stich läßt. Weil er sein Vertrauen auf sie setzte, gilt ihr jetzt sein ganzes Mißtrauen. Aus seiner tiefempfundenen Ohnmacht produziert er Allmachtsphantasien. Und es gibt genügend Führer und Verführer, die diese Phantasien mißbrauchen und ihn in seinen selbstgewählten Untergang führen. Gegen die von ihm selbst gemachte *Gesellschaft,* die ihn leer läßt, sucht er die *Gemeinschaft,* die ihn bindet und erfüllt und sichere Geborgenheit verschafft. Das gefühlsbeladene und so emphatisch verwendete Stichwort der Gemeinschaft geht in allen antibürgerlichen Bürgerbewegungen um. Es wird zum Symbol der heilen Welt, sei es die Welt *von gestern* oder die der *neuen Zeit.*

Es war der Soziologe *Ferdinand Tönnies,* der mit seinem Buch »Gemeinschaft und Gesellschaft« das ideologische Rüstzeug dafür lieferte. Sein Buch erschien zuerst 1887 mitten im Wirtschaftswunder der wilhelminischen Zeit und fand nur wenig Beachtung. Dann aber nahm die *deutsche Jugendbewegung* diese Stichworte auf, und das Buch erlebte bis heute 8 Auflagen[42].

Gemeinschaft und *Gesellschaft* sind zwei entgegengesetzte Grundmöglichkeiten menschlichen Zusammenlebens. Das Verhältnis der Menschen zueinander wird entweder als reales organisches Leben begriffen, das ist das Wesen der Gemeinschaft, oder als nur ideale und mechanische Bildung, das ist der Begriff der Gesellschaft. Gemeinschaft meint ein dauerndes und echtes Zusammenleben, Gesellschaft dagegen nur ein vorübergehendes und scheinbares. Gemeinschaft muß als lebendiger Organismus verstanden werden, Gesellschaft dagegen als mechanisches Aggregat von Menschen und als Artefakt. In der Gemeinschaft sind Menschen wesensmäßig verbunden, in der Gesellschaft aber im Wesen getrennt. Während sie gemeinschaftlich verbunden bleiben trotz aller Trennungen, sind sie gesellschaftlich getrennt trotz aller Verbundenheiten. Gemeinschaften sind ursprüngliche und ursprunghafte Lebensgemeinschaften, wie Ehe, Familie, Sippe, Volk. Hier empfängt sich der Mensch selbst aus dem Miteinander. Gesellschaften sind dagegen Zweckverbindungen. Sie bestehen nur auf Zeit, nehmen die Menschen nur partiell in Anspruch und werden auf der Basis der Gegenleistung und des persönlichen Vorteils geschlossen.

Obwohl *Tönnies* beide Formen nur nebeneinander schildert, um soziologisch differenzieren zu können, ist seine Wertung eindeutig. Die Gemeinschaft ist das ursprüngliche und darum auch frühere, die Gesellschaft das abgeleitete und darum spätere Verhältnis. Gesellschaft ist immer schon ein Zerfallsprodukt der ursprünglichen Gemeinschaft. *Tönnies* hat auf dieser Unterscheidung dann eine ganze Metaphysik aufgebaut, deren Unterscheidungen von dem, was *echt*, und dem, was *unecht*, dem, was *eigentlich*, und dem, was *uneigentlich* heißen soll, das mit sich selbst zerfallene Bürgertum fortan geprägt haben. Ich nenne nur einige von ihnen: In der Gemeinschaft herrscht der Wesenswille, in der Gesellschaft der Kürwille oder die Willkür; in der Gemeinschaft ist einer ein Selbst, in der Gesellschaft ein Individuum; in der Gemeinschaft gilt der Besitz, Grund und Boden, in der Gesellschaft das Vermögen und das Geld; in der Gemeinschaft herrscht Ordnung, in der Gesellschaft Organisation; in der Gemeinschaft gibt es *echte Autorität*, in der Gesellschaft Interessenkonflikte; die Gemeinschaft hat Kultur, die Gesellschaft Zivilisation; in der Gemeinschaft gehört man zusammen, in der Gesellschaft herrscht der Pluralismus, usw.

Wendet man diese Unterscheidungen kulturkritisch auf die moderne Welt an, so erscheint sie als inhuman, entfremdend, wurzel- und bildungslos, zersetzend, ursprungs- und seinsvergessen. Sodann gibt es eine Rettung des Menschen von dieser auflösenden und zersetzenden Gesellschaft nur durch die Wiederherstellung der Gemeinschaft. Ironischerweise ist aber eine »wiederhergestellte« Gemeinschaft immer ein sehr künstliches Artefakt der Gesellschaft. Eine wiederhergestellte Gemeinschaft ist eben eine hergestellte Gemeinschaft und mangelt alles dessen, was als ihre Naturwüchsigkeit gepriesen wird.

Der konkrete Anwendungsfall der Unterscheidung von Gemeinschaft und Gesellschaft war und ist für das Bürgertum *Volk, Nation* und *Vaterland*. Die Losung von *Wilhelm II.* bei Ausbruch des Ersten Weltkrieges 1914:

»Ich kenne keine Parteien mehr, ich kenne nur noch Deutsche« wurde vom deutschen Bürgertum, von der antibürgerlichen Jugendbewegung, aber auch von der Sozialdemokratie wie eine Erlösung von den ungelösten gesellschaftlichen Konflikten begrüßt. Die Volksgemeinschaft wurde in der Stunde, in der das Vaterland in Gefahr war, zum neuen Integrationssymbol und zur Rettungsidee gegenüber den Enttäuschungen der Gesellschaft. »Deutschland, Deutschland über alles« führte — über alle Konflikte der Vereinzelung, der Erniedrigung, der Generationskonflikte und der Klassentrennung hinweg — zum Untergang der Studentenregimenter bei Langemark und 1943 noch einmal zum Untergang der 6. Armee bei Stalingrad. Dennoch blieb diese *Volksgemeinschaft* als geheime Erlösungsidee lebendig nach dem Ersten Weltkrieg in der verachteten und ungeliebten Weimarer Demokratie und auch nach dem Zweiten Weltkrieg in rechtsradikalen Gruppen. Das nach 1918 verschüttete Erlebnis der echten Volksgemeinschaft im Schützengraben überwinterte im nationalen Bürgertum und in der protestantischen Kirche. Die Weimarer Demokratie war dann eben nur *die Systemzeit,* womit ihr nur künstlicher und wurzelloser Charakter behauptet war. *Paul Althaus* erklärte 1919 in seinem Buch »Das Erlebnis der Kirche«: »Für alle Ernsten unter uns wurde ein volksloser Individualismus und ein übervölkischer Kosmopolitismus einfach unmöglich.«[43] Er verstand darum die Kirche als den Hort jener echten Gemeinschaft und als Verbündete mit allen anderen echten Gemeinschaften gegen die Gesellschaft. 1935 schrieb er in der »Theologie der Ordnungen«: »In einer Zeit, die alle Ordnungen in Frage stellte, verkannte und zersetzte, hat die Theologie einen entschlossenen Kampf geführt gegen den individualistischen und kollektivistischen Kampf auf die Einehe, gegen die verantwortungslose Verhütung und Abtreibung der Frucht, gegen den liberalkapitalistischen und den marxistischen Geist in Wirtschaft und Gesellschaft, gegen die Entleerung des Staates, gegen die pazifistische Verweichlichung des politischen Ethos, gegen die Zersetzung des Strafrechtes und die Preisgabe der Todesstrafe — in alledem für die Ordnung Gottes als Richtmaß menschlicher Gestaltung des gemeinsamen Lebens ... Sie hat die Kirche in Deutschland weithin davor bewahrt, dem Geist der Nachkriegszeit zu verfallen ... Vieles von dem, gegen das wir kämpften, ist jetzt abgetan; vieles, wofür wir uns einsetzten, ist im neuen Deutschland selbstverständlich geworden.«[44] Das war im Jahr 1935, nach *Hitlers* Ermächtigungsgesetz, nach Juden- und Sozialistenverfolgung und mitten im Konflikt der Bekennenden Kirche mit den Deutschen Christen! —

Zwei Jahre vor der Machtergreifung *Hitlers* hatte der damals wie nach 1945 sehr bekannte Philosoph und Soziologe *Hans Freyer* für die tiefeingewurzelte und breite Bewegung des antibürgerlichen Bürgertums das Programm der »Revolution von rechts« verfaßt[45]. Seine Schrift ist vergessen, aber die Ideen bleiben verführerisch. »Eine neue Front formiert sich auf den Schlachtfeldern der bürgerlichen Gesellschaft: die Revolution von rechts.« Sie wird mit den Resten des 19. Jahrhunderts aufräumen und die Geschichte des 20. Jahrhunderts schreiben. Das eigentliche Problem der Zeit ist »die industrielle Gesellschaft«, die auf nichts anderem beruht als auf der Berechnung der Materie und ihrer

Kräfte. Sie ist nicht auf »gewachsenem Boden« gegründet, sondern schwebt frei. Kein Saft strömt in ihr als ihre eigene Rationalität. Sie ist nichts als ein *perpetuum mobile* aus Güterwerten, Arbeitsquanten, Verkehrsmitteln und Massenbedürfnissen. In ihr kommt der Mensch nur als Abstraktion seiner selbst vor. Der Staat wird in ihr neutralisiert und zum Büttel der Wirtschaftsinteressen gemacht. In der »Revolution von rechts« aber erwacht der Mensch zum Menschen und wird aus einem bloßen Repräsentanten des Systems zu seinem Feind.

Die »Revolution von links« hat sich totgelaufen. Sie ist gewerkschaftlich bereits in die industrielle Welt eingebaut und bedeutet für diese keine Gefahr mehr. Die linke Revolution hat die Menschen enttäuscht. Sie bringt nicht die »menschliche Emanzipation des Menschen« zustande, von der *Marx* sprach. Darum wird die menschliche Emanzipation des Menschen von der »Revolution von rechts« übernommen. Nachdem diese Gesellschaft total Gesellschaft geworden ist, alle Kräfte als Interessen, alle Interessen als ausgleichbar, alle Klassen als gesellschaftlich notwendig erkannt sind, erscheint in ihr nur noch das, was niemals Gesellschaft oder Klasse oder Interesse ist, als nichtausgleichbar, sondern als abgründig revolutionär: *das Volk.* Gerade der Abbau der Revolution von links öffnet den Weg für die Revolution von rechts. Er hilft, das neue Subjekt *Volk* zu bilden und aus einer vagen Idee zu einer geschichtlichen Realität zu machen. Denn *das Volk* ist der Gegenspieler der *industriellen Gesellschaft;* der einzige, den die Geschichte für sie bereit hat. Das Prinzip *Volk* gegen das Prinzip *industrielle Gesellschaft.* Wo aber ist *das Volk?* Unausgetragene Geschichte staut sich im Dorf gegen die

Großstadt. *Volk,* das sind die Urkräfte der Geschichte, die Dekrete des Absoluten, die Geister, der Natur nahe und unfaßbar schöpferisch wie sie. Wo kommt *das Volk* gegen die industrielle Gesellschaft zum Tragen? Im *Staat.* Die Revolution des Volkes gegen die industrielle Gesellschaft läuft nicht über den Staat, sondern wird von ihm vollzogen, wenn er zum *Volksstaat* wird. Der industriell neutralisierte Staat wird dann zu einer neuen geschichtlichen Autorität werden, um die Revolution des Volkes zu vollstrecken. Er wird ganz im Kraftfeld des Volkes stehen, und dann erst wird der Mensch frei. Denn frei ist der Mensch nur, wenn er in seinem Volke frei ist. Das Volk ist sein Raum und sein Gemeinwille. Schon jetzt, so meinte *Hans Freyer* 1931, gibt es Menschen, die durch ihr gesellschaftliches Interesse nicht mehr definiert sind. An ihnen wird das Prinzip der industriellen Gesellschaft ungültig. Es sind offenbar die *völkischen Menschen.*

Die deutschromantische Mystik der Sprache und die Unwirklichkeit der Ideenwelt dieser »Revolution von rechts« ist leicht zu durchschauen. Ihre Argumente gehören auch nicht in die Logik des Verstandes, sondern sprechen eher jene Logik der Instinkte, der Angst und der Machtgefühle an. Man braucht sie nur in die Sprache der Parteipropaganda zu übersetzen, um sich ihre verheerende Wirkung damals und heute lebhaft vorzustellen.

Während das Bürgertum sich anfänglich vom feudalen Obrigkeitsstaat befreite und die Demokratie als die ihr eigene politische Lebensform produzierte, wird jetzt die Autorität des Staates wieder verklärt und der starke Führer herbeigerufen. Im Programm der NPD heißt es:

»Der Staat muß Wahrer des Ganzen sein. In der großen Gemeinschaft verbindet er die kleinen gesellschaftlichen Gruppen und Gemeinschaften. So schafft er Geborgenheit und erfüllt das Leben des Einzelnen mit Sinn und Wert.«[46]

Während die bürgerliche Welt anfänglich auf eine weltbürgerliche Gesellschaft angelegt war — »es gibt kein Vaterland in der Tyrannis« —, kriecht die Reaktion gegen die internationalen Verflechtungen und Verantwortungen der modernen Welt in das Nest zurück, das *heilig Vaterland* oder *God and my country* heißt.

Während die beginnende bürgerliche Welt- und Lebensanschauung sich von der Vormundschaft der Kirchen befreite und die Religion zur Privatsache erklärte, entstehen aus der Angst vor der Freiheit neue politische und *bürgerliche Religionen* und insbesondere *patriotische Religionen,* die genau das geben sollen, wovon man sich befreit hatte, nämlich Geborgenheit und die Erfüllung des einzelnen Lebens mit Sinn und Wert.

Während das Bürgertum die »Gleichheit, Freiheit und Brüderlichkeit« aller Menschen auf seine Fahne geschrieben und in neuen Rechtsordnungen auch teilweise durchgesetzt hatte, mobilisieren seine neuen *Religionen der Angst* den Fremdenhaß auf die Juden, auf die Schwarzen, auf die Gastarbeiter, auf die bindungslosen Intellektuellen oder die langhaarigen Jugendlichen.

Diese Selbstwidersprüche wirken selbstmörderisch. In den Revolutionen von rechts zerstört das Bürgertum seine eigene Welt. Ihre Heilslehren von Zucht und Ordnung, verschworener Volksgemeinschaft, starker politischer Führung und religiöser Verklärung des eigenen Wesens führen ins Unheil. Sie wirken jedoch auf bestimmte Bevölkerungsschichten in bestimmten sozialen und politischen Situationen. Es sind verunsicherte und sozial absinkende Schichten wie Bauern, kleine Geschäftsleute, ältere Angestellte und Bewohner von Provinzen, die durch den Fortschritt vernachlässigt werden. In Wirtschaftskrisen, wie Arbeitslosigkeit und Inflation, in politischen Krisen, die durch außenpolitische Abenteuer entstehen, wie zum Beispiel der Vietnamkrieg für die USA, können daraus Massenbewegungen werden. Der eigene Identitätsverlust und die eigene Orientierungslosigkeit werden dann durch Aggressionen auf meist fiktive Gegner kompensiert.

Endlich muß man auch die religiöse Komponente in den Revolutionen von rechts sehen. Während die frühe Romantik seit *Herder* die Heiligung Gottes nach der Eigenart der eigenen Nation betonte, wurde daraus sehr bald die Heiligung der nationalen Eigentümlichkeit durch Gott und dann der Ersatz Gottes durch den Götzen *Nation*, dem die Frömmigkeit des Patriotismus galt[47]. Allzulange hat das Christentum im engen Verbund mit solchen Nationalreligionen gelebt. Aber was hat der Gekreuzigte mit den Göttern der Vaterländer zu tun? Wurde er nicht gerade in ihrem Namen hingerichtet? Wurden nicht Christen in der Antike in ihrem Namen verfolgt? Haben nicht Neuheidentum und Kirchenverfolgung in der politischen Religion des Faschismus in Deutschland ihre Höhepunkte erlebt? Christen, die die Identität ihres christlichen Glaubens im Gekreuzigten finden, müssen wissen, daß sie Fremde in ihrer eigenen Nation und ihrem eigenen Volk werden. Das ist der Preis ihrer Freiheit. Mit dieser Freiheit werden sie nicht ihr eigenes Land verachten, wohl aber die

Institutionen und Bewegungen für bessere demokratische und soziale Freiheit fördern. Das religiöse Bedürfnis nach Sicherheit und Geborgenheit ist tiefer in der menschlichen Existenz verwurzelt, als manche Rationalisten glauben. Darum sind die in diesem Sinne religiösen Menschen oft das Reservoir für die rechtsradikale Agitation. Die *Religion der Angst* kann wirksam wohl nur durch die *Religion der Freiheit* überwunden werden. Die Götzen, die menschliche Angst immer wieder hervorbringt, werden durch die Herrschaft des Gekreuzigten radikal vertrieben. Im Kampf gegen den modernen Unglauben und Atheismus hat sich die Christenheit zu lange die Bundesgenossenschaft des religiösen Aberglaubens und nationalen Götzendienstes gefallen lassen. Das Christentum aber ist nicht als Nationalreligion entstanden und kann nicht zur Nationalreligion werden, ohne sich selbst aufzugeben.

C. *Das Gesetz des idealen Menschen*

Antworten auf die Frage: »Was ist der Mensch?« sind keineswegs nur dem privaten Geschmack oder der freien Spekulation überlassen. Sie sind in eine Gesellschaft immer schon eingebaut. Im Erziehungswesen und in der Rechtsordnung einer Gesellschaft lassen sie sich finden. Wir beschränken uns hier auf die Rechtsordnung. Hier werden Menschenbilder unmittelbar praktiziert. Hier werden Menschen nach dem Menschenbild ihrer Gesellschaft mit Rechten versehen, mit Pflichten belastet und nach Gesetzen angeklagt, verurteilt oder freigesprochen. Die Anthropologie würde abstrakt, wenn sie nicht den konkreten Sitz von Menschenbildern im Recht der Gesellschaft im Auge hätte.

Die Entscheidungen über gerechtes Recht und rechtmäßiges Leben hängen stets an dem Entwurf über rechtes Menschsein und gerechtes Zusammenleben, auf den sich die Rechtsbürger geeinigt haben und immer wieder einigen müssen. Im lebendigen Prozeß der Vergesellschaftung muß unter sich ändernden Umständen immer wieder neu Übereinkunft über die gemeinsame Humanität und das gemeinsame Wohl erzielt werden. Unsere Vorstellungen von Gerechtigkeit hängen von dem — kraft Übereinkunft — jeweils geltenden Menschenbild ab, das ein würdiges und rechtes Leben für alle verbindlich macht. »Nichts ist so entscheidend für den Stil eines Rechtszeitalters wie die Auffassung vom Menschen, an der es sich orientiert«, sagte der große Rechtslehrer *Gustav Radbruch*[48]. Es ist darum auch der Wandel der Menschenbilder, der in der Geschichte des Rechts die Epochen macht.

Man kann gegen *Menschenbilder* berechtigte sachliche und persönliche Einwände haben. Ist es zulässig, die offene Geschichtlichkeit des Menschen in ein Bild zu fassen und seine Freiheit, sofern sie in seiner inneren Unbestimmtheit wurzelt, zu fixieren? Ist nicht jeder Mensch anders als der andere, so daß jeder sein eigenes, nur für ihn selbst gültiges Bild finden kann und in seinem Charakter ausprägen muß?

Das Recht jedoch, das menschliches Zusammenleben regeln soll, kann niemals auf den konkreten, einzelnen Menschen mit seinen persönlichen Eigentümlichkeiten Rücksicht nehmen. Es muß immer im Hinblick und mit Rücksicht auf den *Typus Mensch* entworfen werden,

den es als Träger verliehener Rechte und als Empfänger auferlegter Pflichten voraussetzt. Es ist immer auf den Rechtsbürger einer bestimmten Gesellschaft bezogen. Es kann nicht für jeden einmaligen Menschen ein einmaliges Sonderrecht geben. Das Recht muß in einer mittleren Allgemeinheit, das heißt in einer gesellschaftlich vermittelten Allgemeinheit, vom Menschen sprechen. Auch die moderne, sogenannte *pluralistische Gesellschaft* gibt es nur auf dem Boden einer Konformität, die durch Übereinkunft auf Gemeinsames erzielt ist. Auch in der modernen Gesellschaft, die Religion, Ideologie und Moral mehr zur Privatsache macht, als es sich frühere Gesellschaften leisten konnten, heißt der Plural *Wir* und enthält Gemeinsamkeit in der Vielfältigkeit.
So begegnet uns in der Rechtsordnung das praktizierte Menschenbild einer Gesellschaft und einer Zeit. Doch haben wir damit fast schon zu viel gesagt. Denn konkret sind Menschen nicht einfach »Menschen« und damit Glieder einer »Menschheit«, sondern sie sind Status- und Rechtsbürger bestimmter Gesellschaften. Genau daraus entsteht die grundsätzliche Frage, ob das in der jeweiligen Rechtsordnung praktizierte Menschenbild *menschlich* sei und ob die jeweils praktizierte Rechtsordnung *gerecht* sei. Mit diesen Fragen stehen wir mitten in der anthropologischen Problematik der geltenden Rechtsordnung. Gibt es eine übergeordnete Instanz, vor der das geltende Recht gerechtfertigt werden muß, oder kann alles als Recht gelten, was durch Übereinkunft festgelegt wurde? Können Menschen sich auf ein beliebiges Menschenbild einigen, oder gibt es — wenigstens der Idee nach — eine Humanität, nach der sich diese Menschenbilder in den verschiedenen Gesellschaften

ausrichten müssen? Und wenn es so etwas wie eine übergeordnete Instanz gibt, wer verantwortet diese Verantwortungsinstanz und wer ist autorisiert, sie zur Sprache zu bringen?

Seit etwa zehn Jahren wird in Deutschland die Strafrechtsreform diskutiert. Wir greifen aus dieser Diskussion drei Äußerungen heraus, weil sie für ein bestimmtes Menschenbild, das im Recht bisher praktiziert wird, typisch sind[49].

1. »Die sittliche Ordnung will, daß sich der Verkehr der Geschlechter grundsätzlich in der Einehe vollziehe, weil der Sinn und die Folge des Verkehrs das Kind ist. Um seinetwillen und um der personalen Würde und der Verantwortung des Geschlechtspartners willen ist dem Menschen die Einehe als Lebensform gesetzt ... Die Einehe und die Familie sind auch die Grundlagen des Lebens der Völker und Staaten.«

2. »Wenn durch einen Selbstmordversuch eine ernste Gefahrenlage für den Selbstmörder entstanden ist, so muß jeder, der hinzukommt, von Gewissens wegen und von Rechts wegen helfen ... Da das Sittengesetz jeden Selbstmord — von äußersten Ausnahmefällen abgesehen — streng mißbilligt, ... kann das Recht nicht anerkennen, daß die Hilfspflicht des Dritten hinter dem sittlich mißbilligten Willen des Selbstmörders zu seinem Tode zurückzustehen habe.«

3. »Der Mensch ist, weil er auf freie, sittliche Selbstbestimmung angelegt ist, auch jederzeit in die verantwortliche Entscheidung gerufen, sich als Teilhaber der Rechtsgemeinschaft rechtmäßig zu verhalten und das Unrecht zu vermeiden.«

Die beiden ersten Erklärungen stammen aus Entscheidungen des Bundesgerichtshofes von 1954, die dritte aus einer Entscheidung von 1952. Sie gehen davon aus, daß freie, sittliche Selbstbestimmung etwas Typisches sei und jedem Menschen eigne. Sie meinen mit sittlicher Selbstbestimmung nicht, daß der Mensch das sittlich Gute von sich aus setzen könne oder solle, sondern daß er sich in einer übergeordneten, sittlichen Ordnung immer schon vorfinde und sich zum Gesollten entschließen oder nicht entschließen könne. Die »sittliche Ordnung« will die Einehe. Das »Sittengesetz« mißbilligt den Selbstmord usw. Der Mensch ist auf freie, sittliche Selbstbestimmung »angelegt«. Diese Aussagen gehen über die geltende Rechtsordnung hinaus. Das Sittengesetz wird als ideale Norm für alle geltenden Rechtsordnungen angesehen. Die sittliche Selbstbestimmung wird als elementare Konstitution des Menschen behauptet. Was aber ist »das Sittengesetz«, und wie sieht »die sittliche Selbstbestimmung« des Menschen aus?

Betrachten wir zunächst die menschliche Seite an diesen Thesen. Der Entwurf des Menschseins *freier sittlicher Selbstbestimmung* ist offensichtlich ein Postulat: »Der Mensch ist jederzeit in die verantwortliche Entscheidung gerufen.« Aus diesem Postulat wird dann aber die praktische Folgerung gezogen: »Er kann sein Verhalten nach den Geboten der Rechtsordnung ausrichten und das rechtlich Verbotene unterlassen, sobald er die sittliche Reife erlangt hat und solange seine Fähigkeiten zur freien Selbstbestimmung nicht durch krankhafte Vorgänge vorübergehend aufgehoben oder für immer zerstört sind« (Entwurf eines neuen Strafgesetzbuches 1962). Die Folgerung, wonach der Mensch »kann«, weil er »soll«, verwandelt jenes Postulat in ein empirisches Faktum, als handle es sich um eine natürliche Befähigung des Menschen, für die es dann nur persönliche und natürliche Grenzen in krankhafter Unzurechnungsfähigkeit gibt. Wir haben es hier zweifellos mit einem idealistischen Menschenbild zu tun, in dem allerdings die Unterscheidung *Kants* zwischen dem intelligiblen und dem empirischen Charakter des Menschen nicht durchgehalten, sondern einfach aus dem Postulat der Freiheit die natürliche Fähigkeit zur Freiheit gefolgert wird.

Krankhafte Grenzen für den Schuldvorwurf werden anerkannt, aber die soziale Situation des Menschen wird nicht beachtet. Produziert dieses idealistische Menschenbild mit seinen strafrechtlichen Folgen nicht ein abstraktes Individuum? Unterstellt es nicht einen Idealtyp »Mensch«, mit dem sich nur wenige identifizieren können? Welcher Mensch kann sich in der gegenwärtigen Gesellschaft »jederzeit«, das heißt in allen Lebenslagen, »freie, sittliche Selbstbestimmung« leisten? Muß nicht das Recht so nahe wie möglich an den konkreten Menschen herankommen und ihn in der Summe seiner sozialen Beziehungen, in denen er lebt und leidet, sehen[50]?

Diesen konkreten Menschen in seiner sozialen Lage hatte *Radbruch* vor Augen, als er schrieb: »Das neue Bild des Menschen ist im Verhältnis zu dem abstrakten Freiheitsschema des liberalen Zeitalters ein viel lebensnäherer Typus. Der Mensch im Recht ist fortan nicht mehr Robinson oder Adam, nicht das isolierte Individuum, sondern der Mensch in der Gesellschaft.«[51] Er ist damit nach dem Kriege offensichtlich nicht durchgedrungen. Wäre er es, so wäre mit dem Verständnis des »Menschen in der Gesellschaft« auch ein neues soziales Verständnis von Schuld und ein neues Verständnis der *Strafe* als Resozialisierung des Schuldigen entstanden. Indessen kam zunächst in der Strafrechtsreform mit Macht das idealistische Menschenbild zum Zuge und konsequenterweise auch das Strafverständnis der sittlichen Sühne.

Mit diesem Menschenbild müssen wir uns noch eingehender beschäftigen. Die Idee des *objektiven Sittengesetzes* und der vorgegebenen Naturrechte des Menschen kehrt in Situationen großer politischer Krisen, rechtlichen Chaos und sittlicher Verwilderung regelmäßig wieder. Das Hitlerreich hatte in Deutschland auf diesen Gebieten ein Trümmerfeld hinterlassen. Die Staatsgewalt hatte selbst das Recht immer wieder gebrochen, sogar ohne den Vorwand der Legalität. »Recht ist, was dem Volke nützt«, und was dem Volke nützt, bestimmt die Partei, und die Partei folgt dem Willen des Führers, der mit göttlicher Souveränität jenseits des Rechtes steht. Es galt darum, die Bindung des Staates an sein eigenes Gesetz zu erneuern. Auf der anderen Seite war dem Unrecht die Form des geltenden Gesetzes gegeben worden, wie in der Nürnberger Rassengesetzgebung und dem Anstaltsmord an Geisteskranken auf Grund unveröffentlichter Geheimgesetze. Kann man ungerechte Gesetze als Recht annehmen? Gibt es ein höheres Gesetz, ein Naturrecht, ein Sittengesetz oder ein Gottesrecht, an dem gemessen Unrecht auch dann Unrecht bleibt, wenn es die Form eines geltenden Gesetzes annimmt? Nicht umsonst nahmen die Vereinten Nationen 1948 nach dem Chaos des Zweiten Weltkrieges die »Allgemeine Erklärung der Menschenrechte« mit 30 Artikeln an. Gibt es aber eine »Natur des Menschen« mit verbindlichen Naturrechten, die zum Kriterium der Bürgerrechte in allen Gesellschaften werden können? Wie kann die Wesensnatur des Menschen erkannt werden? Wer bestimmt, was zu ihr gehört und was nicht?

Der Gedanke des Naturrechtes stammt aus der vorchristlichen Antike und wurde durch die Menschheitsphilosophie der Stoa verbreitet[52]. »Das Endziel ist es, übereinstimmend mit der Natur zu leben, das heißt gemäß der eigenen und der des Ganzen, indem man nichts tut, was das gemeinsame Gesetz zu untersagen pflegt, welche die richtige, alles durchwaltende Vernunft ist, dasselbe wie Zeus, der Leiter und Verwalter des Alls«, erklärte *Diogenes Laertes*. Daran knüpfte *Cicero* an: »Das wahre Gesetz ist die richtige Vernunft in Übereinstimmung mit der Natur. Es erfaßt alle, ist ständig gleichbleibend und ewig. Man kann nicht von ihm wegnehmen, noch etwas entgegensetzen. Kein Senatsbeschluß und keine Volksabstimmung kann seine Verbindlichkeit aufheben. Es braucht keine Erklärer und keine Ausleger. Es ist dasselbe in Rom und Athen, heute und später. Es umspannt alle Völker und Zeiten als ewiges, unveränderliches Gesetz. Es spricht zu uns gleichsam der Lehrer und Herrscher der Welt: Gott. Wer ihm nicht gehorcht, verleugnet seine eigene Menschennatur.«

Die bürgerlichen Gesetze finden dadurch ihre Gerechtigkeit, daß sie dem Weltgesetz und dem Gesetz der Menschennatur entsprechen. Denn die alles durchwaltende Vernunft oder das Gesetz der Natur (= Wesen) ist Gott. Dem Wesensgesetz entsprechende bürgerliche

Gesetze sind gottentsprechende Gesetze. Die sittliche Sollensordnung ist dann gerecht, wenn sie der göttlichen Seinsordnung entspricht und mit ihr übereinstimmt. Es ist darum nicht alles gerecht, was kraft Übereinkunft von Bürgern beschlossen wird, sondern nur das, was dem Wesen des Menschen und der göttlichen Seinsordnung entspricht. Das Recht selbst muß also gerechtfertigt werden.

Die Idee der Natur- und Menschenrechte und eines objektiven Sittengesetzes ist in der Tat faszinierend und wird es auch bleiben, solange Menschen zusammen nach der wahren und gemeinsamen Menschlichkeit fragen. Die Schwierigkeiten, diese Idee auch durchzuführen, liegen aber in ihrer Abstraktion von den realen, geschichtlichen Verhältnissen von Menschen.

Die universalen Sätze des Naturrechts, wie »Jedem das Seine« und »Vermeide das Böse« können zur Bejahung wie zur Bestreitung des Feudalismus, Kapitalismus, Sozialismus und Faschismus verwendet werden. Man kann mit ihnen Freiheit verweigern, indem man sagt: »Irrtum hat kein Recht auf Freiheit«, und auch Freiheit fordern, indem man verlangt: »Man muß seinem Gewissen folgen.« Je mehr man aus den allgemeinen Sätzen des Naturrechtes Entscheidungen in konkreten Einzelfällen ableiten will, um so mehr trübt sich das Licht dieser Erkenntnis. Wenn man umgekehrt das Wesen einer Sache mit der *Natur der Sache* identifiziert, kommt man leicht dahin, das für Naturrecht zu halten, was *die Natur lehrt* und was als *ganz natürlich* jedem unmittelbar einleuchtet. Doch läßt sich beim Menschen seine biologische Natur nicht zum Zeugen seines Wesens machen, weil seine Natur relativ unbestimmt ist und mit einer Fülle von Experimenten spielt. Ist zum Beispiel Homosexualität *natürlich* oder *unnatürlich*? Sie kommt in der biologischen Natur des Menschen vor, wird aber dennoch in vielen Gesellschaften als »unnatürlich« empfunden und unter Strafe gestellt. Ist die Geburtenkontrolle durch *die Pille natürlich* oder *unnatürlich*? Sie stellt einen Eingriff in die biologischen Abläufe der weiblichen Natur dar, entspricht aber der Wesensnatur der Freiheit des Menschen gegenüber seinem Leib und seiner Verantwortung für seine Nachkommenschaft.

Alle vorliegenden Entwürfe des Naturrechtes oder des Sittengesetzes sind, wie historisch leicht zu zeigen ist, geschichtliche Entwürfe von Menschen. Die Geschichte der Naturrechtslehren zeigt ein *Naturrecht mit wechselndem Inhalt (R. Stammler)* oder ein *historisch-elastisches Naturrecht (E. Spranger)* oder ein *Naturrecht mit werdendem Inhalt (E. Fechner).* Trotz dieser geschichtlich bedingten und wechselnden Inhalte sind aber die Idee selbst und die Frage nach einem Naturrecht vorhanden und, nachdem sie einmal in die Geschichte gekommen sind, unvergeßlich. Es ist offenbar unmöglich, einen exakten Bauplan für den faktischen Menschen und seine Gesellschaftspraxis in der Natur oder dem Wesen der Idee nach zu finden. Hinter den Behauptungen, man kenne das »wahre Wesen des Menschen« oder das absolute Sittengesetz, stehen geschichtlich immer sehr massive Herrschaftsansprüche. Und doch ist auf der anderen Seite ohne eine öffentliche Übereinkunft über menschenwürdiges Leben keine Rechtsordnung möglich. Und selbst für diese Übereinkunft muß man noch nach seiner Rechtfertigung fragen. Wenn diese

Übereinkunft darum im geschichtlichen Prozeß der menschlichen Vergesellschaftung entsteht, so ist es sinnvoll, die Idee des Sittengesetzes und die Frage des Naturrechtes im Rahmen der Zukunftshoffnung der Menschen auf die Menschheit und die Menschlichkeit zu verstehen. Die Inhalte sind dann allerdings geschichtlich bedingt und wandelbar, aber die Intention, die darin steckt, ist dann unbedingt und invariant.
Diese Stelle des Naturrechtes stand bisher selten im Vordergrund, weil man in den Krisen der Geschichte nach dem überall und immer und von alters her Wahren fragte und der Besinnung auf einen gemeinsamen Ursprung mehr vertraute als dem Willen zu einer gemeinsamen Zukunft. Alle Gesetze sind dem Wandel der Geschichte unterworfen wie die Menschen selbst. Weil aber Menschen zugleich auch wissen, daß sie in der Geschichte leben, können sie auch über sie hinausgehen und nach jener Zukunft fragen, der gegenüber sie die Geschichte, in der sie leben und die sie machen, zu verantworten haben. Darum werden sie in ihren Gesetzen und den Reformen ihrer Rechtsordnungen stets danach trachten, jene Zukunft sinnvollen Miteinanderlebens zu antizipieren. »Der Entwurf auf die menschliche Bestimmung wird als das Maß des Rechtes« anzusehen sein *(W. Maihofer*[53]). Also nicht die Beschwörung eines vermeintlich objektiven Sittengesetzes, sondern der unabweisbare Auftrag zur Veränderung der Welt, sie zu heilen, zu bessern, sie menschenwürdiger und lebenswerter zu machen, kann als Maß der Gerechtigkeit angesehen werden. Aus der Mythologie des abstrakten Sittengesetzes geht man dann zur konkreten Utopie der Menschenrechte und zu einer Rechtsordnung in weltbürger-

licher Absicht über. »Naturrecht: das ist für uns der Begriff für die ständig geforderte Evolution und Revolution der menschlichen Verhältnisse im Lebensalltag, bis zur Gestalt einer wahrhaft menschlichen Gesellschaft zwischen Menschen«, sagt *Maihofer,* und ich denke, daß sich so die Idee der Natur- und Menschenrechte besser mit dem geschichtlichen Prozeß der Sozialisation von Menschen durch Rechtsordnungen vermitteln läßt als in den früheren Vorstellungen vom Naturrecht. Wenn man anstelle von *Naturrechten* des Menschen von »Futurrechten« reden würde, würde man auch den konkreten Verhältnissen der Menschen gerechter[54].

Die christlichen Kirchen haben bisher in unseren Gesellschaften besonders nachdrücklich das Gesetz des idealen Menschen vertreten. Sie haben theologisch die Rechtsordnung im Rahmen des theologischen Verständnisses des Gesetzes und des Gottes des Gesetzes angesehen. Diese gesetzliche Auffassung des Rechtes aber bringt Gott in die Rolle des Richters, der über seinem Gesetz eifersüchtig wacht, und bringt Menschen in Tragödien von Schuld und Sühne. Nicht immer, aber doch sehr oft haben religiöse Menschen darum die Todesstrafe als die ultimative Form der Sühne und der Wiederherstellung des tödlich verletzten Gesetzes befürwortet. Diese Vorstellungen und Folgerungen entsprechen der religiösen Welt einer metaphysischen Weltordnung, der Götter und Menschen verpflichtet sind, aber sie entsprechen kaum dem Rechtsglauben und der Rechtshoffnung des Alten und Neuen Testamentes.
Der Gott, dessen Wirklichkeit Israel im Geschehen der Befreiung aus der Sklaverei in Ägypten und im Bundes-

schluß am Sinai erfuhr und erinnerte, ist nicht wie Zeus »die richtige, alles durchwaltende Vernunft« *(Diogenes Laertes);* er spricht auch nicht aus dem ewigen, unveränderlichen Gesetz der Natur *(Cicero).* Er ist der Gott des Exodus und der Gott des Bundes. Er spricht in und durch diese konkrete Geschichte. Sein Gesetz ist das Gesetz des Bundes der Befreiten, das ihnen das Leben in Freiheit bewahren will, ihnen aber nicht ein unerreichbares Ideal vormalt. Die Bundesgerechtigkeit gründet in der freien Selbstbestimmung Gottes und in seinem Treueversprechen, in dem er für seine Zukunft dem Volke gutsagt. Sie setzt beim Volk die durch reale Befreiung erlangte Freiheit voraus. Sie fordert darum nichts, was sie nicht zuvor selbst geschenkt hat. Hier heißt es nicht: »Du kannst, denn du sollst«, sondern umgekehrt: »Du sollst, denn du kannst.« »Du sollst nicht töten, denn du brauchst nicht zu töten.« Das Recht der Freiheit stammt aus der Gnade der Befreiung. Darum ist schon die alttestamentliche Bundesgerechtigkeit offen für Recht aller Völker und für das Recht der Gnade Gottes an allem. »Und sein Wohlgefallen wird er haben an der Furcht des Herrn«, sagt Jesaja 11, 3-5 über den Messias, der das Recht Gottes auf Erden vollstrecken wird. »Er wird nicht richten nach dem, was seine Augen sehen, noch Recht sprechen nach dem, was seine Ohren hören. Er wird den Armen richten mit Gerechtigkeit und dem Elenden im Lande Recht sprechen mit Billigkeit, er wird den Tyrannen schlagen mit dem Stab seines Mundes und den Gottlosen töten mit dem Hauche seiner Lippen. Gerechtigkeit wird der Gürtel seiner Lenden und Treue der Gurt seiner Hüften sein.« Der Gott, dessen Wirklichkeit Christen im Geschehen der Befreiung von Gesetz, Sünde und Tod erfahren und erinnern, ist das genaue Gegenteil jener religiös so oft empfundenen Zwangsnotwendigkeit von Schuld und Strafe. Er ist die Erfahrung des Christus, der ohne des Gesetzes Werke aus Gnade Sünder gerechtspricht und Gottlose mit Gott versöhnt. Im Christusgeschehen kommt die Gottesgerechtigkeit auf Erden als das Recht der Gnade zum Ausdruck für alle, die das Gesetz gebrochen haben und nicht halten können. Wenn sie, ob Juden oder Heiden, alle Sünder sind und der Herrlichkeit Gottes mangeln, so wird durch das Christusgeschehen ihnen allen eine neue Rechtshoffnung gegeben: das Recht, die Liebe Gottes zu erfahren. Oder einfacher: Der Mensch ist nicht um des Gesetzes willen da, sondern das Gesetz ist um des Menschen willen da.

Daraus ergibt sich für die Praxis der Christen in der Rechtsordnung ihrer Gesellschaft, daß sie das Recht nicht mehr unter dem Gesichtspunkt des religiösen Weltgesetzes, sondern unter dem Gesichtspunkt der Liebe ansehen sollen. *Liebe,* in die Sprache des Rechtes übersetzt, heißt *das Recht des Nächsten* und die *Anerkennung des anderen*[55]. Nicht die absoluten und relativen Forderungen des Gesetzes machen das Wesen des Rechtes aus, sondern die Anerkennung des anderen und die Zuerkennung des Rechtes des Nächsten. Liebe ist nicht nur außerhalb des Gesetzes tätig, um seine Härten zu mildern, sondern Liebe wirkt rechtsschöpferisch und rechtsreformerisch in Richtung auf jene Zukunft, die sie dem anderen Menschen zuerkennt, weil er in ihr seine Würde durch die Würdigung Gottes empfängt, die Liebe und Gnade heißt. Die Liebe, als Kategorie des Rechtes, gibt keinen Menschen auf, sondern rechnet mit seinen Möglichkeiten, einschließlich der noch nicht verwirklichten Möglichkeiten Gottes an ihm. Liebe zum häßlichen, bösen Unmenschen rechnet mit der Vergebung seiner Sünden und wird im Freisprechen konkret. Das aber heißt, daß sie das Gesetz nicht dazu verwenden kann, »Böses mit Bösem zu vergelten«, sondern »Böses mit Gutem zu vergelten«, den Verbrecher also nicht auf seine Vergangenheit festzunageln, sondern ihn seiner besseren Zukunft zuzuführen. Da Christen so etwas oft bloß für fromme Wünsche halten, sei dafür zum Schluß noch einmal *Radbruch* zitiert: »Eine neue Auffassung vom Menschen im Recht ist im Anzug ... das soziale Rechtszeitalter des konkreten Menschen, in dem die Strafe als Zufügung von Übel für Übel nicht absterben wird, wie die Marxisten meinen, aber in dem sie soweit irgend möglich zum Aufruf und Anstoß für die Ausgleichung von Übel durch Gutes werden wird, worin allein nach unserem heutigen Verständnis eine Gerechtigkeit auf Erden geübt werden kann, die diese nicht in eine schlechtere, sondern in eine bessere Welt verwandelt.«

Es stünde den Christen und den Kirchen wohl an, den Mythos vom ewigen, ehernen Sittengesetz zu durchschauen und sich an Stelle von dessen Bewahrung an den konkreten und praktikablen Rechtsutopien und Rechtsreformen zu beteiligen, die dem von ihnen erwarteten Friedensreich besser entsprechen als die früheren und in denen sie die von ihnen erfahrene Liebe als Recht der Gnade besser verwirklichen können als in den früheren. Das »Gesetz des idealen Menschen« kann leicht in unmenschliche Forderungen umschlagen. Es scheint sinnvoller zu sein, die Hoffnung auf den menschlichen Menschen durch die Liebe zum anderen Menschen und besonders durch die Liebe zum schuldigen Menschen zu praktizieren.

D. Dialogisches Leben

Eine Welt, die durch wissenschaftliche Technik gemacht wurde und verwaltet wird, legt den Menschen, die in ihr leben, auch eine technische Einstellung zu ihren Problemen nahe. Man muß wissen, wie es gemacht wurde und wie es zu machen ist. Darum fragt man bei unangenehmen Überraschungen, bei Betriebs- oder Verkehrsunfällen: Was ist da zu machen? Sind sie tödlich, so endet oft die Teilnahme mit der nüchternen Feststellung: Da ist eben nichts mehr zu machen. Der ständige Umgang mit gemachten und machbaren Dingen bringt auch Nicht-Techniker in dieser Gesellschaft zu der Gewohnheit, die Dinge zu sehen, wie sie sind, und sie hinsichtlich ihrer Machbarkeit zu begreifen. Das ist für die Dinge auch richtig, aber die technische Kunst versagt gewöhnlich, wenn es sich um Menschen und menschliche Probleme handelt. Der geschäftige Techniker fühlt sich angesichts von Liebe, Leiden und Tod irritiert. Es verschlägt ihm die Sprache. Er verstummt. Es fehlen ihm die Worte, seine Liebe zu erklären, darum verwendet er gerne die Klischees aus Illustrierten, Filmen und den Ratschlägen der Briefkastentanten, die ihm vorsagen, wie er *es* zu machen habe. Es fehlen ihm die Worte, Schmerz und Kummer auszudrücken, und in Todesfällen bleibt nur der stumme Händedruck; danach geht es weiter wie bisher. Er hat ein feines, gut ausgebildetes

Verhältnis zu den Dingen, aber in menschlichen Beziehungen verarmt er und bleibt infantil[56].

Mit Beginn der zwanziger Jahre in diesem Jahrhundert entstand ein neuer Humanismus der Person und der personalen Beziehungen[57]. Er beklagte mit herber Kritik die »grauenhafte Mechanisierung der Welt« *(Gogarten)* und die daraus folgende »Icheinsamkeit« des modernen Menschen *(Ferdinand Ebner)* und führte zur Wiederentdeckung des Du in der Philosophie ebenso wie in praktischen Modellen neuer Gemeinschaft. Das technische Zeitalter ist das Zeitalter der Vermassung der Menschen in den Großstädten, der Massenwaren, des Massentourismus und des Massenbetriebs. Die Gesellschaft wird in ihrer Verwaltung immer kollektivistischer. Darum atomisiert sie den Menschen und vereinzelt ihn. Er wird immer individualistischer. Stumm geht er aus seiner Wohnung im dritten Stock und kennt keinen Nachbarn. Stumm fährt er durch den Verkehr, eingeschlossen in seinen Wagen. Er sieht die anderen in ihren Wagen vorbeifahren, aber kann mit ihnen nicht sprechen, sondern sich allenfalls mit Handzeichen verständigen. Während seiner Arbeit muß er sich auf wenige Zurufe an die Kollegen beschränken. Abends stellt er das Fernsehen an und verdämmert sprachlos. Sein Leben ist so eingerichtet, daß er es nicht mehr erleben muß. Damit steigt aber seine unterschwellige Angst. Er fühlt sich einsam.

Diesen alltäglichen Erfahrungen entspricht eine lange philosophische Tradition des Welt- und Selbstverständnisses. *Descartes* hatte mit seiner Methodisierung des Wissens gezeigt, daß ich an allem zweifeln kann, nur nicht daran, daß ich es bin, der zweifelt. Die Selbstgewißheit des Zweifelnden und Denkenden wird damit zum unerschütterlichen Fundament: Ich denke, darum bin ich. Im Vorgang des Denkens aber tritt die Wirklichkeit auseinander in die erkennbare Welt der Dinge und die erkennende *Subjektivität* des Ich. Die Wirklichkeit, in der das erkennende Ich lebt, wird zur *Gegenstandswelt*, die erkennbar und berechenbar wird. Die Natur wird zum *Mechanismus* nach der Idee der Mathematik. Der Leib wird zum *Körper*, den ich habe. Indem der Mensch sich seine Welten gegenüberstellt, wird er zu ihrem Herrn und Subjekt. Er erwacht zu seiner Bestimmung in dem Augenblick, wo er *Ich* sagen kann und sich bewußt wird, daß er diese souveräne Stellung gegenüber allem, was *Nicht-Ich* ist, einnimmt. »Ich bin ich« ist somit das Jubellied des freien und mündigen Individuums, das sich über alle Fremdbestimmung aus der Natur und der Tradition erhebt. »Es ist, als sänge die Gottheit selbst im Ich des Menschen ihr ewiges Ich bin, der ich bin«, sagte *Fichte*[58]. Als sein Sohn zum ersten Mal »Ich« sagte, trank *Fichte* gegen seine Gewohnheit ein Glas Sekt.

Nun hatte schon *Jacobi* gegen *Fichtes* Ichmetaphysik eingewandt: »Ohne Du ist das Ich unmöglich.« Wenngleich *Fichte* stolz erklärte: »Nichts ist mir unausstehlicher, als nur an einem anderen, für ein anderes und durch ein anderes zu sein: Ich will nur für mich und durch mich selbst etwas sein und werden«, so hat er doch auch so etwas wie das Du der anderen wahrgenommen und verlangt: »Ehre ihre Freiheit, ergreife mit Liebe ihre Zwecke, gleich den Deinigen.« Sein Schüler *Hölderlin* aber ging über ihn hinaus: Es gibt eine »gemeinschaftliche Gottheit«, das ist »die versöhnende Verbindung zwischen mir und dir«[59]. Endlich hatte der Sozialist *Feuerbach* in seinen »Grundsätzen der Philosophie der Zukunft« schon jenen Personalismus entworfen, der den Individualismus des einsamen Ich überwinden sollte. »Die wahre Dialektik ist kein Monolog des einsamen Denkers mit sich selbst, sie ist ein Dialog zwischen Ich und Du.« »Das Wesen des Menschen ist nur in der Gemeinschaft, der Einheit des Menschen mit dem Menschen, enthalten — eine Einheit, die sich aber nur auf die Realität des Unterschiedes von Ich und Du stützt.«[60]

Im Grunde stammen diese Einsichten in die personale Struktur des Menschen aus einer neuen Bewertung der Sprache. Es gibt eine in der Chronik des *Salimbene* berichtete Anekdote, wie *Friedrich II. von Hohenstaufen* die Ursprache des Menschen zu erforschen suchte. Er ließ elternlose Säuglinge in einem Haus zusammenbringen, ordnete an, daß sie jede Pflege bekommen sollten, verbot aber aufs strengste, mit ihnen zu reden. So sollten sie zeigen, welche Sprache sie spontan hervorbringen würden. Die Kinder aber begannen weder hebräisch noch griechisch noch lateinisch zu sprechen, sondern — starben. Diese Geschichte sagt, daß Sprechen kein Produkt, sondern eine Voraussetzung des menschlichen Lebens ist. Das Sprechen geht dem Denken voran (*Ebner*). Aus der Sprache entwickelt sich Selbstbewußtsein. Dem Selbstbewußtsein geht das Dubewußtsein voran. Für *Ebner* entstand aus diesen Einsichten eine neue Anthropologie, die die moderne Sprachlosigkeit und die aus ihr resultierende Einsamkeit des Menschen überwinden sollte. Was ist das Besondere am Menschen? Was am Menschen geht nicht in sachliche und machbare Verhältnisse auf? Die alte platonische Auskunft sagt: Der Mensch ist das Lebewesen, das den Logos hat. *Aristoteles* machte daraus das *animal rationale. Ebners* Entdeckung war es, daß Logos nicht Selbstbewußtsein oder Vernunft sei, sondern das Wort der Sprache. Der Mensch ist ein geistiges Wesen, sofern er ein sprechendes Wesen ist. Wird er erst sprechend zu einem Ich, so gewinnt er sein Ich auch erst von einem ihn ansprechenden Du her. Sprechend wird er zum Ich für ein Du und zum Du für ein anderes Ich. Kinder beginnen mit einem Dubewußtsein und erwachen erst daran zum Ichbewußtsein, sofern mit ihnen gesprochen wird und sie sprechen lernen. Die Icheinsamkeit des homo faber ist also nichts Ursprüngliches, sondern ein Produkt seiner Duverschlossenheit und ein Abfall von der Sprache der Lebendigen. Ursprünglich heißt es: Ich bin, indem du bist. Am Anfang war das Du. Alles echte menschliche Leben ist Ich-Du-Beziehung. Menschliches Leben ist dialogisches Leben, oder es ist krankes Leben. Das Wort der Sprache wird damit zum Träger der Kommunikation und zum Medium der Menschwerdung des Menschen am anderen Menschen. Sprache ist nur sekundär ein Verständigungsmittel über Sachverhalte und ein Informationsträger. Sprache ist primär die schöpferische Kraft der Personwerdung und die »versöhnende Verbindung zwischen mir und dir«. Und deshalb ist Subjektivität stets Intersubjektivität und Menschlichkeit stets Mit-Menschlichkeit und Verantwortung die Notwendigkeit, Antwort zu geben. *Martin Bubers* ebenso lyrische wie programmatische Schrift »Ich und Du« entstand 1916-1919 während des Ersten Weltkrieges und der nachfolgenden Kulturkrise[61]. Er sah in den Grundworten des Menschen zugleich Grundhaltungen. Das eine Grundwort ist das Wortpaar Ich-Du. Das andere Grundwort das Wortpaar Ich-Es. Darum ist auch das Ich des Menschen zwiefältig. Das Ich des Grundwortes Ich-Du ist ein anderes als das Ich des Grundwortes Ich-Es. Trete ich den Dingen gegenüber, so tritt das Ich als Subjekt von Erkenntnissen und Handlungen heraus. Trete ich aber einem Du gegenüber, so verliert sich diese Subjektstellung. Das Ich wird dialogisch. Ich höre und rede, äußere und wandle mich im Sprechen von Angesicht zu Angesicht. So gibt es ein Reich des Es und ein Reich des Du. Das eine ist »der Mensch da«, den ich erkenne und nach seinen sozialen Rollen und Merkmalen analysiere. Das andere bist »du da«, den ich höre und in Beziehung auf den ich ein anderes Ich werde. Das eine ist die Frage: *Was* ist der Mensch? Sie erreicht den Menschen selbst überhaupt nicht, sondern nur seine Erscheinung in meinem Blickfeld. Das andere ist die Frage: *Wer* ist der Mensch? Wer bist du? Sie ist angewiesen auf die Offenbarung des anderen in den Weisen, wie er sich mir ausspricht, mir gegenüber aus sich herausgeht und sich festlegt. Diese Frage allein ist dem Du des anderen und damit der Menschlichkeit des Menschen angemessen. Die Unmenschlichkeiten der modernen Gesellschaft haben ihren Grund in der permanenten Verwechslung beider Reiche und Beziehungen; von der Numerierung des Menschen angefangen bis zum *body-counting* in Vietnam. Als *er, sie* oder *es* behandeln wir den Menschen nicht als Menschen, sondern als Ding, als Ware, als Leiche, als Objekt unserer Herrschaft, Aggression, Habgier oder Lust. Für *Buber* verband sich mit der Entdeckung des Du eine neue Heilssehnsucht für den verwalteten und mißbrauchten Menschen. »Das Grundwort Ich-Du kann nur mit dem ganzen Wesen gesprochen werden. Die Einsammlung und Verschmelzung zum ganzen Wesen kann nie durch mich, kann nie ohne mich geschehen. Ich werde am Du. Alles wirkliche Leben ist Begegnung.« Die Ich-Du-Beziehung ist eine unmittelbare. In ihr kommt der in so viele Interessen und Sachen zersplitterte Mensch zu sich selbst und aus sich heraus. Hier wird er ein »Ganzer«, weil er so nur »mit ganzem Herzen« sprechen kann. Hier wird er auch ganz gegenwärtig, denn das Du ist niemals ein Gegenstand, sondern immer nur Gegenwart. In der Ich-Du-Beziehung liegt der Ursprung und darum auch das Heil des Menschen. Die Wiederentdeckung des dialogischen Lebens heilt den einsamen, stummen und kranken Menschen. »Auch der Gorilla ist ein Individuum, auch der Termitenstaat ist ein Kollektiv, aber Ich und Du gibt es in unserer Welt nur, weil es den Menschen gibt, und zwar das Ich erst vom Verhältnis zum Du aus.«[62]

Buber entwickelte aus diesem Personalismus eine neue Religionsphilosophie, die vielen den Weg zu religiösen Erfahrungen wieder geöffnet hat. Das Ich-Du-Verhältnis ist auch die Urform des Gottesverhältnisses. In den letzten Gründen unseres sprachlichen und geistigen Lebens ist Gott das wahre Du des wahren und bleibenden Ich des Menschen. Dieses ihr ewiges Du haben Menschen mit immer neuen Namen angesprochen. Auch wenn sie aus diesen Namen dann Begriffe bildeten, meinten sie immer noch jenes ewige Du. Denn die Namen, Bilder und Begriffe von Gott werden geheiligt dadurch, daß in ihnen nicht nur von und über Gott, sondern mit Gott geredet wird. Und wenn einer die

Namen für den Unnennbaren verabscheut, weil sie alle mißbraucht sind, und er spricht mit seinem ganzen Wesen das Du seines Lebens an, so spricht er Gott an. Die menschlichen Ich-Du-Verhältnisse spiegeln im Grunde dieses ewige Du irdisch wider, aber umgekehrt ist jenes ewige Du für Menschen nur zugänglich im Du des Nächsten und nicht unmittelbar. Gerade am göttlichen Du wird die Resistenz des Du des anderen gegen das Ich offenbar. Wenn es zu neuen religiösen Erfahrungen und Erweckungen kommen soll, so wissen wir zwar nicht, wie sie sein werden, aber wir kennen den Ort zukünftiger Theophanien, und dieser Ort heißt »Gemeinschaft«. Die Unbeweisbarkeit Gottes im Reich der Dinge und des rechnenden Verstandes findet ihre Grenze an jenem anderen Bereich des Du und der vernehmenden Vernunft. Hier ist das ewige Du in der Beziehung zum unmittelbaren Du des anderen vernehmbar und ruft zu Antworten, die wir nur mit unserem gesammelten, ganzen Dasein geben können.

Buber hat zeit seines Lebens nach jener »Gemeinschaft« gesucht, in der die menschliche Ich-Du-Beziehung in der Achtung des ewigen Du gelebt wird. Er kam aus der deutschen Jugendbewegung und hatte hier jenes mystische Gemeinschaftserlebnis kennengelernt. Er ging dann nach Gründung des Staates Israel sehr bald nach Israel und fand jene »Gemeinschaft« in den israelischen Kibbuzim. Seine Sozialkritik wandte er gegen den östlichen Kollektivismus ebenso leidenschaftlich wie gegen den westlichen Individualismus, gegen den kapitalistischen Liberalismus ebenso wie gegen den bürokratischen Sozialismus. Im Grunde ist sein Ideal des Menschen nur in kleinen, überschaubaren und verschworenen Gemeinschaften zu verwirklichen, wo jeder jeden kennt und achtet. *Bubers* personaler Sozialismus ist in der Tat für alle anziehend, die sich in der Masse verloren, in der Großstadt anonym und in der modernen Gesellschaft heimatlos fühlen. Von kleinen, personalen Gemeinschaften geht in diesen Großgesellschaften oft ein heilender Effekt für Menschen aus, die an dieser Gesellschaft erkranken. Sie vermitteln etwas, das man nicht machen oder kaufen kann, nämlich eben *Gemeinschaft*, in der man sich zu Hause fühlt. Sie geben Menschen damit ihre Selbstachtung wieder.

Die Schwierigkeiten, in die dieser personale Humanismus immer wieder gerät, liegen aber in seiner zu scharfen Scheidung zwischen Ich-Es-Verhältnissen und Ich-Du-Verhältnissen. Zwar sagte *Buber*, daß ohne Es der Mensch nicht leben könne, weil er leiblich in und mit den Sachen lebe. Aber wer mit den Dingen allein lebt, ist nicht der Mensch. Das heißt, das eigentlich und wahre Menschliche findet sich erst und allein in der Ich-Du-Beziehung. Damit wird die Welt von Arbeit, Verkehr und Konsum, in der alle miteinander mit Dingen umgehen, abgewertet bis hin zur Uneigentlichkeit und Unwahrheit des Menschlichen in ihr. Natürlich leben Menschen in diesem sachbestimmten Gesellschaftsverkehr nur vermittelt durch gemeinsame sachliche Interessen miteinander. Aber geschieht das nicht überall und auch in dem Ich-Du-Verhältnis? Hier gibt es allerdings jene unmittelbaren, plötzlichen und erstaunlichen Begegnungen. Aber sie ereignen sich doch immer nur in Augenblicken, in denen zwei sich in die Augen blicken und verstehen. Sie lassen sich nicht auf Dauer stellen. Damit aus der Begegnung eine Gemeinschaft wird, bedarf es schon der gemeinsamen sachlichen Vermittlung und der verläßlichen Institutionen. Das kann man noch nicht als Abfall in die Verdinglichung des Menschlichen bezeichnen. Es sind notwendige und gute Inkarnationen ins reale Leben. Menschen können ein unmittelbares Verhältnis zueinander zwar erleben, aber nicht festhalten. So läßt sich auch jene *Gemeinschaft* finden, in der Menschen Personen sind, und gegen die destruktiven Formen der modernen Gesellschaft setzen. Aber sie läßt sich nicht grundsätzlich gegen die Gesellschaft mit ihrem sachvermittelten Verkehr setzen. Es ist sehr wichtig, den personalen Charakter der Sprache wiederzuentdecken in einer Zeit, die uns mit Informationen und Signalen überschüttet. Es ist noch wichtiger, das Du-Geheimnis des anderen Menschen zu achten, der uns nur als sozialer Rollenträger begegnet. Aber der moderne Gesellschaftsverkehr läßt sich kaum repersonalisieren und dadurch humanisieren. Um ein allerdings recht banales Beispiel zu nennen: Seit einigen Jahren steht an Post- und Bankschaltern zu lesen: »Hier bedient Sie Fräulein Müller.« Die ganz unpersönliche Abfertigung von Käufen und Zahlungen soll dadurch eine persönliche Note erhalten. In Zweifelsfällen ist es auch gut, den Namen des anderen zu wissen. Normalerweise aber wird er nicht gebraucht. Um den Verkehr reibungslos abzuwickeln, können sich an Schaltern nur zwei Funktionen begegnen: der zahlende Kunde und der verrechnende Beamte. Wollte jeder erst am Schalter ein Ich-Du-Verhältnis mit »Fräulein Müller« entfalten, so würde der Verkehr stocken, die Wartenden würden sich empören, und Fräulein Müller würde ungeduldig werden. Niemand bestreitet, daß er selbst ein Ich und der Postbeamte ein Du sein kann, aber im Spiel der Abfertigungen muß jeder nur wissen, was er zu tun hat. Das ist die Spielregel. Und wenn es eine *Spielregel* ist, dann liegt das Personale wohl darin, sie nicht zu ernst zu nehmen, sie zu benützen, aber sich ihr nicht zu unterwerfen. Alle Ich-Du-Beziehungen existieren im Medium gemeinsamer Sachbezüge, gemeinsamer Aufgaben und Interessen und gewisser Arbeitsteilungen. Die Repersonalisierung der zweckrational gegliederten Verhältnisse ist auf eine direkte Weise nicht durchführbar. Sie bleibt darum oft ein ohnmächtiger Appell. Das »dialogische Leben« kann leicht zur romantischen Ausflucht aus der wissenschaftlich-technischen Zivilisation führen. Dann verliert es seine humanisierenden und heilenden Kräfte und überlebt in einem kulturkritischen Schmollwinkel. Auch das »dialogische Leben« wird zum guten Teil erst durch die Rationalisierung der äußeren Lebensverhältnisse möglich gemacht. Wer je einen bäuerlichen Familienbetrieb kennengelernt hat, wo Familie und Arbeit unter einem Dach sind, der weiß, daß erst die Industrialisierung und Mechanisierung der Arbeit die Möglichkeiten des intimen dialogischen Lebens freisetzen. Ist es aber so, dann wendet sich der personalistische Protest gegen die »grauenhafte Mechanisierung der Gesellschaft« gegen seine eigenen Wurzeln. Es ist klar, daß diese sich als stärker erweisen werden; übrigens auch in Israel.

Die Erfahrungen der Begegnung und des dialogischen Lebens sind für jeden Menschen unentbehrlich und unvergeßlich. Aus ihnen wird der Traum von einer menschlichen Gesellschaft mit menschlichen Menschen gebildet. Die Gemeinschaft von Ich und Du im Medium einer menschlichen Sprache ist eine notwendige Utopie in den faktischen Nöten der technischen Zivilisation. Doch kann man nicht *in* diesem Traum leben. Man kann jedoch das Engagement und die sozialen und politischen Investitionen der eigenen Kraft in die begrenzten Möglichkeiten und Schwierigkeiten dieser Gesellschaft *mit* jener Utopie der befreiten Gesellschaft und des menschlichen Menschen verbinden, um aus ihr die Kraft zu schöpfen, im Kampf gegen die destruktiven Tendenzen durchzuhalten. Man nimmt dann den Schmerz der immer entfremdeten und versachlichenden Realität an und sieht die Zukunft im Bilde ihrer Veränderung zu ihrer Kenntlichkeit als einer menschlichen Gesellschaft.

E. Die Ironie des »Mannes ohne Eigenschaften«

Marx ging von einer sozialen Situation aus, die *Gerhart Hauptmann* in den «Webern« und *Emile Zola* in »Germinal« ergreifend beschrieben haben. Es war die Welt des Hungers, der Wohnungsnot, der Massen ungelernter Lohnarbeiter und ihrer gesetzlosen Ausbeutung durch den Kapitalismus in der frühindustriellen Epoche. Diese Welt hat sich in den Industriegesellschaften gewandelt, An die Stelle von materiellem Elend, Entwurzelung und Heimatlosigkeit im sozialen Geschiebe vom Land in die Stadt ist die Welt der Ordnung getreten, aber einer Ordnung der undurchschaubaren Bürokratie, der verschleierten Interessen und Machtkämpfe und der beängstigenden Manipulierung des Menschen. *Hauptmanns* »Weber« sind mit ihrem Maschinensturm Vergangenheit. Nun wurde die Dichtung *Franz Kafkas* zum symbolkräftigen Ausdruck der menschlichen Ohnmacht. Damit hat sich auch das Problem des Menschen gewandelt. Die Utopie des totalen Menschen, mit der man über Kapitalismus und Industriegesellschaft hinaus zu einer kommunistischen, das heißt allmenschlichen Gesellschaft kommen will, ist für viele eine unmögliche Zumutung geworden. Aber die Ironie des »Mannes ohne Eigenschaften« »in einer Welt von Eigenschaften ohne Mann«, die Ingenieur und Dichter *Robert Musil* in seinem gleichnamigen Roman darstellte, scheint eine Möglichkeit zu sein, in dieser Welt Mensch zu bleiben.

Wir beginnen mit der wissenschaftlichen Erkenntnis des Menschen in der Gesellschaft und folgen zunächst dem glänzenden Essay von *Ralf Dahrendorf*, »Homo Sociologicus«, 1960[63]. Die Soziologie ist auch eine Wissenschaft vom Menschen, aber keineswegs die einzige. Sie beansprucht darum auch nicht, den ganzen Menschen darzustellen. Sie betrachtet den Menschen unter einer bestimmten Fragestellung. Ähnlich wie die Ökonomie den *homo oeconomicus* und die Psychologie den *psychological man,* so entwirft auch die Soziologie ein bestimmtes Erscheinungsbild, in welchem das Menschliche in Erfahrung gebracht wird. Auch das Modell des *homo sociologicus* ist eine Modellvorstellung, mit der bestimmte empirische Informationsgruppen aus dem menschlichen Sozialverhalten begriffen werden sollen. Es sagt noch nichts über den Menschen selbst aus. Diese selbstkritische Einsicht gehört zur wissenschaftlichen Redlichkeit. Nun ist aber für jede wissenschaftliche Anthropologie der Mensch nicht nur Objekt, sondern auch Subjekt. Und so ist jenes homo-sociologicus-Modell nicht nur eine wissenschaftliche Theorie, sondern zugleich auch eine Spiegelung der modernen Gesellschaft im wissenschaftlichen Bewußtsein. Wenn die Soziologie den Menschen als *homo sociologicus* beschreibt, so ist umgekehrt dieser Mensch auch bereit, sich selbst als *homo sociologicus* zu verstehen. Denn in den Wissenschaften vom Menschen gehen Wissenschaft und Selbstverständnis stets ineinander über.

Wer ist der Mensch? Wir sind auf einer Gesellschaft, und es wird uns ein bisher unbekannter Mann Hans Schmidt vorgestellt. Wir erkundigen uns, wer er sei, und bekommen eine Reihe von Auskünften: Er ist 1. ein Mann, 2. von etwa 35 Jahren, 3. verheiratet, 4. Vater von zwei Kindern, 5. Deutscher, 6. Lehrer, 7. stellvertretender Vorsitzender der x-Partei, 8. Briefmarkensammler, usw. Dann haben wir das Gefühl, Herr Schmidt sei uns kein Unbekannter mehr. Aber was wissen wir von ihm? Wir kennen nun eine Reihe von Eigenschaften, die er hat, und eine Anzahl von Positionen, die er in der Gesellschaft bekleidet. Aber sie unterscheiden ihn nicht von anderen Menschen, denn andere haben sie auch, nur eben in anderer Zusammensetzung. Zwar wissen seine Freunde, seine Frau und seine Kinder, daß Herr Schmidt mehr ist als ein auswechselbarer Träger von sozialen Eigenschaften. Uns aber geben sie eigentlich keine Auskunft über ihn selbst, sondern nur über jene sozialen Beziehungen, in denen wir Herrn Schmidt antreffen können. Wir können uns darauf einrichten, daß er, wenn wir ihm begegnen, so handeln wird, wie man es von einem Mann von 35 Jahren, verheiratet, Vater, Deutscher, Lehrer usw. erwarten kann. Aber auch diese Erwartungen richten sich nicht auf ihn selbst, sondern auf ihn in den Positionen und Funktionen, die er in der Gesellschaft übernommen hat. Sie sind zunächst noch nicht einmal die seinen, obgleich er in ihnen lebt. Er hat zu tun, was man von ihm erwartet. Die Eigenschaften, die hier aufgezählt wurden, sind bestimmte Positionen in vorherbestimmten sozialen Beziehungsfeldern. Sie sind mit sozialen Zumutungen und Erwartungen verbunden. Indem er sie sich zu eigen macht, wird er *jemand* in der Gesellschaft. Wie die Aufzählung zeigt, die sich natürlich verlängern ließe, hat er viele Positionen zugleich. Das bedeutet, daß er in jeder Position andere Erwartungen erfüllen und auch anders handeln muß als in den anderen.

Wer ist Herr Schmidt selbst? Vielleicht hat er sich schon einen *Namen* in der Öffentlichkeit seiner Stadt gemacht, so daß man ihn als diesen bestimmten Herrn Schmidt kennt. Dann möchte er natürlich seinen Namen nicht verlieren. Doch ist er identisch mit dem Echo, das sein persönliches Leben bei anderen gefunden hat? Man kann auch das Gegenteil erleben. Sicher wird er alles tun, um sein Gesicht nicht zu verlieren, sondern sein Ansehen zu wahren und sein Denkmal in den Augen anderer rein zu halten; aber gerade damit wird wieder zweifelhaft, ob er wirklich das *ist*, was er *hat*, ob es sein *Name* ist, der seine einmalige Individualität zum Ausdruck bringt, oder eine Maske, hinter der er sich ebenso gut auch verstecken kann. Fragen wir Herrn Schmidt selbst, wer er sei, so kann er natürlich antworten, er sei das alles, was er in seinen Eigenschaften und Positionen darstellt. Er kann auch sagen: »Ich bin hier gut bekannt.« Er kann sich mit seinem sozialen Erscheinungsbild identifizieren. Er kann sich aber auch davon unterscheiden. Er kann diese Eigenschaften und Positionen

nur *vertreten,* sozusagen als ein Doppelgänger seiner selbst. Uns begegnet das etwa, wenn uns einer sagt: »Ich in meiner Eigenschaft als Beamter muß Ihnen mitteilen: ...; wenn Sie mich aber persönlich fragen, so würde ich sagen: ...«
In ruhigen Zeiten mag es Herrn Schmidt gelingen, seine vielen sozialen Positionen oder Rollen auf einen Nenner zu bringen. Er wird dann einen Lebensstil entwickeln, durch den er seine verschiedenen Beanspruchungen ausgleicht und für jede die angemessene Zeit findet. Es gibt aber extreme Situationen, in denen die verschiedenen Belastungen zur Überlastung führen und eine Aufspaltung seiner Persönlichkeit erfolgt. »Mir hat neulich jemand von einem Mann in Ost-Berlin erzählt, der sich Gedanken darüber macht, daß er vier verschiedene Ichs habe. Er ist Bezirksbürgermeister der Ost-CDU, ist Familienvater, ist Kirchenvorsteher, und ich weiß nicht, was er sonst noch ist, jedenfalls noch ein viertes. Wenn dieser Mann ›Ich‹ sagt, dann kann er unter diesen vier Möglichkeiten wählen, was er nun eigentlich ist. Denn jede dieser vier Persönlichkeiten der zerstörten einen Persönlichkeit muß anders denken und handeln als die anderen. Das ist für viele Christen hinter dem Eisernen Vorhang tägliches Brot. Auch für die Kinder«, berichtete *Martin Niemöller* einmal. Zu solchen Persönlichkeitsaufspaltungen kommt es in politischen und ideologischen *Diktaturen* oft, aber nicht nur dort. Menschen werden gezwungen, Dinge zu bekennen und zu tun, die sie nicht wollen. Man nennt die moderne Gesellschaft eine *pluralistische Gesellschaft,* weil in ihr stets eine Vielzahl von Meinungen und Interessen, Gruppen und Verbänden miteinander streitet. In ihr erfährt sich aber

auch der Mensch selbst als ein pluralistisches Wesen, das im Schnittpunkt oft sehr verschiedener Ansprüche, Normen und Erwartungen leben muß, die sich nicht mehr auf den Nenner der einen, in sich ruhenden Persönlichkeit und des einen, zusammenhängenden Lebensromans bringen lassen. Der Zwang zu immer neuer Anpassung kann zur Auflösung der Kontinuität eines gelebten Lebens führen. Im Geschäft soll er den harten Manager spielen, zu Hause den zärtlichen Familienvater, im Freundeskreis den anregenden und interessierten Partner usw. Wo ist er Mensch und darf es sein? Oder kommt er als er selbst und als »Mensch« im funktionalen Verkehr dieser pluralistischen Gesellschaft gar nicht vor? Ist er überall eine Person nur sofern er ein Träger von Eigenschaften, Leistungen und Rechten ist, die andere auch haben? —

Das *homo-sociologicus-Modell* verwendet für die sozialen Eigenschaften und Positionen des Menschen den Begriff der *sozialen Rolle*. Rollen bezeichnen etwas dem Träger dieser Rolle Vorgegebenes, einen Komplex von Verhaltensweisen, die auch außer ihm vorhanden sind. Die soziale Rolle eines Lehrers enthält zum Beispiel bestimmte Zumutungen von Ausbildung, pädagogischem Geschick und Einstellungen im Umgang mit Kindern, Eltern, Kollegen und der Schulbehörde. Man kann in ihnen unterscheiden zwischen sehr bestimmten Muß-Erwartungen, gewissen Soll-Erwartungen und unbestimmteren Kann-Erwartungen. Es gibt Dinge, die ein Lehrer tun muß, tun soll und tun kann. Sie enthalten ferner Sanktionen gegen den, der »aus der Rolle fällt«. Jede soziale Rolle enthält Gesetze, Sitten und Gewohnheiten. Manche sind so fixiert, daß dem Menschen in ihnen nur wenig Spielraum für individuelle Gestaltung bleibt, andere verlangen geradezu die schöpferische Eigengestaltung. Jeder muß seine sozialen Rollen lernen, um sie sich und sich ihnen anzupassen. Mit der sozialen Rolle ist darum der Sozialisierungsvorgang bezeichnet, mit dem eine Gesellschaft sich Menschen integriert, und zugleich auch ein Internalisierungsvorgang, in dem Menschen sich ihre sozialen Positionen aneignen. Dabei gibt es Rollenkonflikte sowohl zwischen dem sozial vorgeschriebenen Textbuch der Rolle und den individuellen Besonderheiten eines Menschen wie auch zwischen den verschiedenen Rollen, die einer nach- und nebeneinander zu spielen hat. Jede Kirchengemeinde hat zum Beispiel ein ziemlich festes Bild von der Rolle des Pfarrers. Manche erwarten sehr totalitär, daß ein Pfarrer *immer im Dienst* ist, und wundern sich über seine Privatsphäre, seine Kindererziehung, seine theologische Überzeugung oder seine politische Einstellung. Welche Chancen werden ihm eingeräumt, er selbst zu sein und zu werden? Das durch jahrhundertelange Tradition verfaßte Textbuch der *Pfarrfrau* läßt oft noch weniger Möglichkeiten für individuelle Gestaltung oder andere Rollen offen. Der soziologisch verwendete Ausdruck der sozialen Rolle ist nicht nur ein wissenschaftliches Theorem. Er ist für das Selbstverständnis des Menschen in der Gesellschaft sehr verführerisch. Er entspricht nämlich dem locker gewordenen Gesellschaftsverkehr heute sehr genau. In alten Standesgesellschaften sprach man nicht von Rollen, sondern von *Ständen,* in die man hineingeboren wurde und in denen man auch starb. In der bürgerlichen Gesellschaft sprach man von *Berufen.* Seit Luther enthält das Wort *Beruf* immer auch das religiöse Pathos der Berufung. Der christliche Begriff der *Berufung* aber meint eine einmalige, endgültige und lebenslange Bestimmung. Die moderne Gesellschaft ist keine Standes- und keine Berufsgesellschaft mehr, sondern eine mobile Gesellschaft mit auswechselbaren Arbeitsplätzen und *Jobs*. Ihr ist der soziologische Begriff der Rolle wie auf den Leib geschnitten.

Der Begriff der Rolle bringt ferner den Menschen in dieser Gesellschaft in eine gewisse innere Distanz zu seinen sozialen Verpflichtungen und Positionen. »Als soziales Ich bin ich nicht ich selbst. Obschon ich unerbittlich an mein soziales Dasein gekettet bin und in ihm mein Selbstbewußtsein im Spiegel meiner Tätigkeit erhalte, kann ich mich ihm doch wieder als mich-selbst gegenüberstellen. Ich falle nicht zusammen mit meinem sozialen Ich. Jetzt kann ich von meinem sozialen Dasein das Bewußtsein gleichsam der Rolle haben, die ich ergreife oder ertrage. Ich und meine Rolle fallen für mich auseinander. Ich bin nicht das Ergebnis meiner sozialen Konstellation, denn ich bleibe ... aus meinem Ursprung die Möglichkeit meiner selbst. Ich kenne mich nur in meiner Rolle und bin doch nicht identisch mit ihr«, hatte *Karl Jaspers* schon 1932 geschrieben[64]. Wenn also der Mensch von seinem sozialen Dasein das Bewußtsein einer zu spielenden Rolle gewinnt, gewinnt er zugleich eine innere kritische Distanz zu seinem sozialen Leben. Das ist einerseits ein Gewinn, damit er seinen Beruf nicht länger *tierisch ernst* nimmt, sondern Humor und innere Freiheit gegenüber sich selbst gewinnt und damit seine Menschlichkeit in, mit und unter seinem Funktionärsdasein bezeugt. Auf der anderen Seite aber kann der Mensch durch diese innere Distanz auch den

Kontakt zur Realität verlieren. Er selbst ist nirgendwo das, was er sozial zu sein scheint. Sein Für-andere-Dasein ist nur sein Dasein, wie es sozial für andere zu sein scheint. Die gesellschaftliche und politische Wirklichkeit wird zu einem kleinen Welttheater, auf dem jeder seine Rollen spielt, bis er abtritt und andere sie weiterspielen. Der Mensch selbst kommt darin nicht vor. Innen und außen fallen auseinander, und wenn die äußeren sozialen Möglichkeiten wie eine Rolle vorgeschrieben und begrenzt sind, dann muß das wahre Menschliche wohl innen zu finden sein[65]. Aber gibt es diese innere Subjektivität hinter dem sozialen Schattenspiel, und läßt sie sich festhalten? Wenn das Selbstbewußtsein sich aus der engen und kompromittierenden sozialen Realität zurückzieht und diese nur noch im Bilde des sozialen Spiels mit verteilten Rollen begreift, wohin kommt es dann? Genau dieses hatte *Musil* mit der Romanfigur des Mannes ohne Eigenschaften dargestellt[66]. In »Kakanien«, der zerfallenden Donaumonarchie vor dem Ersten Weltkrieg, die *Musil* für einen besonders deutlichen Fall der modernen Welt nahm, in diesem Staat, »der sich selbst nur noch irgendwie mitmachte«, tritt heraus, daß »jeder Landesbewohner mindestens neun Charaktere hat: einen Berufs-, einen National-, einen Staats-, einen Klassen-, einen geographischen, einen Geschlechts-, einen bewußten, einen unbewußten und vielleicht noch einen privaten Charakter. Er vereinigt sic in sich, aber sie lösen ihn auf, und er ist eigentlich nichts als eine kleine, von diesen vielen Rinnsalen ausgewaschene Mulde, in die sie hineinsickern und aus der sie wieder austreten, um mit anderen Bächlein eine andere Mulde zu füllen. Deshalb hat jeder Erdenbewohner auch noch einen zehnten Charakter, und dieser ist nichts anderes als die passive Phantasie unausgefüllter Räume. Er gestattet dem Menschen alles, nur nicht das eine: das ernst zu nehmen, was seine mindestens neun anderen Charaktere tun und was mit ihnen geschieht, also mit anderen Worten, gerade das nicht, was ihn ausfüllen sollte.« Als Landesbewohner, das heißt als Mensch in seinen konkreten Wirklichkeiten hat der Mensch jene neun Charaktere und mehr, ist er nicht nur eine Person, sondern viele Personen, spielt er viele Rollen zugleich, und umgekehrt spalten und lösen diese ihn auf. Als Erdenbewohner aber, und das heißt als Mensch seiner Möglichkeit nach, kann er sich kraft seiner passiven Phantasie von jenen Wirklichkeiten unterscheiden und sie ironisch ernst und zugleich nicht ernst nehmen. Diese passive Phantasie ist für *Musil* auch der Möglichkeitssinn, der dem Menschen sagt, daß er alles das nicht zu sein braucht, was er geworden ist, daß er stets auch anders sein könnte. Durch Selbstironie kann sich der Mensch aus seiner Lebenswirklichkeit wieder herausreflektieren, sich seine negative Unabhängigkeit von allem bewahren und mit seinen ganz anderen Möglichkeiten spielen. »Was in der Ironie hervortritt, ist die subjektive Freiheit, die in jedem Augenblick die Möglichkeit eines Anfangs in ihrer Macht hat und nicht von früheren Verhältnissen geniert ist«, sagte *Kierkegaard*[67].

Die Nähe des *Mannes ohne Eigenschaften* zum *totalen Menschen* von *Marx* liegt auf der Hand. Der aktiven Phantasie erfüllten Menschseins dort entspricht hier die passive Phantasie möglichen Menschseins; der Utopie dort entspricht die Ironie hier; der entfremdeten Welt dort die Welt von Eigenschaften ohne Beziehung zum

Menschen hier. Beide suchen den Zugang zur Kategorie der unbegrenzten Möglichkeiten des Menschen angesichts der beengend und entfremdend empfundenen sozialen Wirklichkeit. Für den einen liegt das Seinkönnen des Menschen in der Zukunft, die man durch revolutionäre Veränderung der Gegenwart erreicht, für den anderen in der inneren Subjektivität, die man durch ironische Distanzierung von der gegenwärtigen Wirklichkeit erreicht.

Der Mann ohne Eigenschaften nimmt den Kampf mit dem Möglichen auf, leidenschaftlich und teilnahmslos zugleich. Leidenschaftlich, weil dieser Kampf seine Vitalität berauscht; teilnahmslos, weil er weiß, daß alle Eigenschaften, die er erwerben könnte, ihm doch nie gehören werden. Er entwickelt eine experimentelle Lebenshaltung und engagiert sich, wie er mit weiterer Entlehnung aus der Theatersprache sagt, nur so weit, wie er sich selbst stets widerrufen kann. Er liebt mit ständigem Vorbehalt seiner selbst. Er ist agil und aktiv, ohne je produktiv zu werden. Seine Welt zerfällt darum in die sachliche Reportage einer sinnlosen Faktenwelt einerseits und eine kaum noch mitteilbare Sensibilität der Seele auf der anderen Seite, wie es heute viele Romane zeigen. Er selbst lebt in dem Wahn, die tausend Möglichkeiten, die er habe, seien mehr wert als die eine Wirklichkeit, die er sei.

Dieser Zerfall von Wirklichkeit und Möglichkeit ist wiederum typisch romantisch. Der Rückzug in die in ihren unbegrenzten Möglichkeiten schwebende Innerlichkeit der schönen Seele bedeutet zugleich die Entleerung und oft auch die Preisgabe der sozialen Außenwelt an das Absurde. Je mehr sich die schöne Seele keusch und ironisch in ihr Geheimnis zurückzieht, um so haltloser opfert sie die Wirklichkeit jenen Mächten, die sie verachtet. Je weiter die ironische Distanz vorangetrieben wird, um so indifferenter wird ihr die soziale Welt. Eine Wirklichkeit ist so gut und so schlecht wie jede andere auch. Damit aber wird die negative Wirklichkeit so gelassen, wie sie ist. Die ironische Distanzierung von der sozialen Welt ins innere Seinkönnen schlägt allemal um in die distanzlose Anerkennung des Bestehenden. Der Ironiker gewinnt für sich selbst zwar einen schlechthin überlegenen und unangreifbaren Standpunkt jenseits aller Standpunkte. Da er nirgends festgelegt sein kann, weiß er aber auch nicht mehr, wo er sich festlegen könnte, und darum macht er alles mit, was andere für ihn festgelegt haben. Auf seinem Gesicht bleibt nur ein satyrhaftes Lachen oder eine Träne der Melancholie.

Natürlich geht diese menschliche Haltung nicht auf Kosten der Rollensoziologie. Sie verwendet die Metapher aus der Theatersprache nur als wertfreies Modell zur Untersuchung menschlichen Sozialverhaltens. Während für das Theater die Uneigentlichkeit des Geschehens auf der Bühne konstitutiv ist, wäre eine solche Annahme im sozialen Leben verhängnisvoll. Denn hier kann der Mensch eben nirgendwo seine Maske fallen lassen, um sich zu erkennen zu geben oder nach Hause zu gehen. Dennoch besitzt die Idee der Eigenschaftslosigkeit und der zu spielenden Sozialrollen eine mächtige Faszination für den modernen Menschen. Sie verspricht ihm eine innere Selbstbehauptung gegen die Zerrissenheit der Außenwelt und eine innere Freiheit gegenüber sozialen Zwängen. Diese Faszination wird jedoch bezahlt mit dem steigenden Unvermögen, sich zu identifizieren und ins praktische Leben zu inkarnieren und zu lieben.

Die Ironie des Mannes ohne Eigenschaften weist manche Parallelen zu einer modernen Form des christlichen Glaubens auf, die die innere Freiheit von der Welt durch die Entweltlichung der Existenz beweisen will[68]. Wenn der Mensch in und von der Welt lebt, so lebt er nicht aus und in Gott. Er ist verfallen an die Mächte dieser Welt und ihr Gesetz. Das kann als Sünde bezeichnet werden. Die Person lebt von ihren Werken. Der Mensch gewinnt sein Selbstbewußtsein im Spiegel seiner sozialen Tätigkeiten. Er ist das Ergebnis seiner sozialen Konstellation. Er lebt also unter dem sozialen Zwang seiner Rollen. Seine sozialen Verhältnisse geben ihm seine Lebenssicherheit. Wenn aber der welttranszendente Gott ihn ruft und er den Anruf des Wortes Gottes vernimmt und ihm vertraut, löst er sich zugleich von der Weltumschlossenheit ab und wird frei von den Mächten und Gesetzen der Welt. Er wird frei vom Spiegel seiner sozialen Tätigkeiten und kann sich selbst gegenübertreten. Er ist dann nicht mehr das Ergebnis seiner sozialen Konstellationen, sondern wird zum Sohn Gottes und zum Herrn der Welt *(Fr. Gogarten[69])*. Er versteht sich wieder als Geschöpf und Ebenbild des Gottes, der schlechthin jenseitig ist. Und damit versteht er auch seine soziale Welt neu. Sie ist nicht mehr das Zwangsgehäuse, in dem er leben muß, sondern sein Eigentum, das er »haben« kann, »als hätte er es nicht«. Sie verliert für ihn jeden göttlichen Glanz und wird für ihn nichts als Welt. Dieser Glaube verweltlicht also die Welt, weil und sofern er die Existenz des Menschen durch Gottes

Ruf entweltlicht. Die Götter, Dämonen, Idole und Tabus, Mythologien und Ideologien werden aus der Welt vertrieben, so daß nichts als Welt übrig bleibt. Doch ist dieser Glaube, der die innere Person entweltlicht und die äußeren Personen verweltlicht, nur in der totalen Reflexion, die permanent zwischen Gott und der Welt unterscheidet, durchzuhalten. *Jaspers* hatte gesagt: »Ich bleibe aus meinem Ursprung die Möglichkeit meiner selbst. Ich kenne mich nur in meiner Rolle und bin doch nicht identisch mit ihr.« Das kann in christlicher Sprache so heißen: Im Glauben empfange ich mich aus Gott als die Möglichkeit meiner selbst. Ich habe meine soziale Existenz, als hätte ich sie nicht. Auch dieser Glaube befreit von den sozialen Zwängen und gewährt einen inneren Standpunkt ihnen gegenüber. Auch dieser Glaube gibt innere Freiheit und Möglichkeit gegenüber der Gesellschaft und ihrer Wirklichkeit. Er rettet, wie man sagt, die Personalität des Menschen gegen die totalitären Ansprüche der Gesellschaft. Er entweltlicht des Menschen Subjektivität von jeder nur denkbaren gesellschaftlichen Lage und mutet ihm die Einsamkeit der eigenen Entscheidung zu. Umgekehrt aber eröffnet er keine konkreten Perspektiven zur politischen Realisierung dieser Freiheit. Die Glaubensfreiheit ist zwar immer in Entscheidungen konkret, aber die Entscheidungen gehen nicht in Entschiedenheit über, und die Tat wird nie zur Veränderung von Verhältnissen und Institutionen. »Der Weg führt heute über die Einsamkeit, in der die Stimme hörbar werden kann, in die Freiheit, die uns unser Selbst schenkt. Wagen muß es jeder Einzelne; es gibt keine Garantie. Aber nur aus dem, was die Einzelnen wagen, kann die Zukunft erblühen«, sagte

Rudolf Bultmann[70]. Die Faszination, die von diesem Glauben als innerer Weltüberlegenheit ausgeht, hat ihren Preis wohl auch im Unvermögen, sich produktiv und verändernd in die unzureichende soziale Wirklichkeit zu inkarnieren und in sozialen und politischen Verhältnissen Liebe zu verbreiten. Die globale Weltüberlegenheit des Glaubens kann zwar zur ebenso globalen Weltverantwortung gerufen werden, aber ihr fehlen dann alle Kriterien zum bestimmten Nein und Ja. Endlich ist diese Form des Glaubens immer in Gefahr, in jene romantische Haltung der schönen Seele umzuschlagen, die, wie ein Schmetterling von Blume zu Blume, so über die Realität von einer Entscheidung zur anderen huscht, ohne die leibliche Realität wirklich und wirksam ernst zu nehmen.
Die Figur des Mannes ohne Eigenschaften in einer Welt von Eigenschaften ohne Mann ist eine ästhetisch zwar reizende, ethisch und politisch jedoch verhängnisvolle Utopie des Negativen. Es ist ein Allmachtstraum im Bereich der irrealen Möglichkeiten, der aus Ohnmachtserfahrungen im Bereich der sozialen Wirklichkeit entsteht.

F. *Das abenteuerliche Herz*

In der phrygischen Stadt Gordion gab es einen dem Zeus geweihten Streitwagen. An ihm war ein kunstvoll geknüpfter Knoten befestigt. Die alte Sage versprach dem die Herrschaft über ganz Asien, der den *Gordischen Knoten* zu lösen verstünde. Als *Alexander der Große* in die Stadt kam, brachte man auch ihm den heiligen Streitwagen mit dem Knoten. Aber er beugte sich nicht nieder, um ihn mit Geduld und Verstand aufzulösen, sondern nahm sein Schwert und durchhieb ihn mit einem Schlage. Diese Geschichte kann als Symbol für die sehr moderne Flucht in die *direkte Aktion* verstanden werden. Die gesellschaftlichen Abhängigkeitsverhältnisse werden zunehmend komplexer, darum wird das Leben in ihnen immer komplizierter. Die Rollengeflechte der sozialen Anforderungen und Reaktionen werden um den einzelnen wie ein Netz gesponnen, in dem er sich gefangen fühlt. Die offene Rationalität, die immer neue Gesichtspunkte, immer andere Standpunkte und eine Vielzahl von Möglichkeiten einkalkulieren muß, kann nur mühsam durchgehalten werden. Die Verhältnisse werden relativ, und weil immer mehr Dinge in vielschichtigen Bedingungszusammenhängen gesehen werden müssen, wird es schwieriger, die richtigen Entscheidungen zu treffen. Es geht von Kompromissen zu Konzessionen, so daß jeder für sich ein Gefühl der Unzufriedenheit zurückbehält. Werden damit die Gesellschaft und ihre Politik immer undurchschaubarer, so entsprechen sie einem elementaren Bedürfnis des Menschen immer weniger: dem Hunger nach sicherer Orientierung, klaren Verhältnissen und stabiler Identität. Er hält es nicht mehr aus, in andauernden Diskussionen zu leben, in denen alles fragwürdig gemacht werden muß. Sein inneres Bedürfnis wird durch die komplizierten und komplexen Situationen der Gesellschaft nicht mehr befriedigt. Und so greift er zum Alexanderschwert der nackten Entscheidung, um sich Klarheit zu verschaffen, und rühmt die direkte Aktion als die große Erlöserin von der zugemuteten Dauerreflexion. Der Kampf soll wieder zum Vater aller Dinge werden, sei es der große

Krieg, der Klassenkampf oder auch nur die Provo-Tat gegen das Establishment — »Auf zum letzten Gefecht!«.

Das kritisch-utopische Denken baut über den undurchsichtig gewordenen Verhältnissen der Gegenwart das objektive Gegenbild einer befreiten, harmonischen Gesellschaft auf. Das ist das Zielbild des *totalen Menschen*, der seine Möglichkeiten wiederfindet. Die selbstkritische Skepsis zieht sich von der bedrückenden sozialen Wirklichkeit ins innere Geheimnis des *Mannes ohne Eigenschaften* zurück, um in der Irrealität jene Möglichkeiten zu genießen. Es gibt noch einen dritten Weg, aus der Vielfalt zur Einfalt, aus den tausend Möglichkeiten zu der einen notwendigen Wirklichkeit zu kommen: die *nackte Entscheidung*[71].

Ent-scheidung meint wörtlich, daß ein Schwert aus der Scheide gezogen wird und der Ernstfall des Kampfes beginnt. Nackt kann die Entscheidung genannt werden, wenn sie grundlos getroffen wird und nach Begründungen nicht fragt. Die direkte Aktion beweist sich nicht an objektiven Normen, sondern setzt sich selbst als Norm. Das *vivere resolutamente* soll seinen Wert in sich selbst und nicht an einem anderen haben. Das ist »der Kampf als inneres Erlebnis«, wie *Ernst Jünger* es 1922 nannte. »Nicht wofür wir kämpfen ist das Wesentliche, sondern wie wir kämpfen.«[72] Nicht wofür wir uns entscheiden zählt, sondern daß wir uns entschieden haben und es wagen. Denn wofür man sich entscheiden soll, das ist theoretisch so unlösbar, wie es der Gordische Knoten war. Wollte man darüber diskutieren, um alle Möglichkeiten und Folgen zuvor abzuwägen, so käme man nie zum Entschluß. Darum entscheidet man sich zuallererst zur Entschiedenheit und entschließt sich zur Entschlossenheit. Erst im Kampf werden die in Diskussionen nur verschleierten Fronten klar. Nur im Kampf wird das Leben wieder elementar. Der Feind und auch die Freunde werden erkennbar. Durchschlagende *Argumente* gibt es nicht mehr, denn mit Worten läßt sich ewig streiten. Erst die *Gewalt* durchschlägt die gordischen Knoten der Welt, die durch Argumente und Gegenargumente ihre Konflikte verschleiert. Sie klärt die Lage und macht alles ganz einfach.

Das war offenbar die große Faszination der Kriegserklärung von 1914 auf deutsche Intellektuelle und Studenten gewesen. *Musil* beschreibt sie am Schluß seines genannten Romans sehr eindringlich: »Umfassendes Problem: Krieg. Alle Linien münden in Krieg. Jeder begrüßt ihn auf seine Weise. Das religiöse Element im Kriegsausbruch... Endlich wird das Leben wesentlich, bejahend, es fehlt ihm nichts, man nimmt sich ernst, das Leben mündet nicht ins Leere, man hat eine Überzeugung, einen Glauben... Das Stahlbad wird die Welt bessern.«[73] So wird der Existenzkampf der Nation zum großen Erlöser aus Interessenkonflikten und der auflösenden Reflexion der vielen Standpunkte und Gesichtspunkte. Ähnlich hatte nach dem Ersten Weltkrieg der Stoßtruppoffizier *E. Jünger* das Kriegserlebnis als großen Erlöser besungen: »Wir sind zu verästelt. Der Saft steigt nicht mehr in die Spitzen. Nur wenn ein unmittelbarer Impuls uns wie ein Blitz durchbrennt, werden wir wieder einfach und erfüllt; das gilt für den einzelnen wie für seine Summe, das Volk. Im Tanz auf schmaler Klinge zwischen Sein und Nichtsein offenbart sich der wahre Mensch. Da schmilzt seine Zersplitterung wieder zusammen auf wenige Urtriebe von gewaltiger Stärke. Alle Vielheit der Formen vereinfacht sich zu einem Sinn: dem Kampf.«[74] Darum ist es zuletzt gleichgültig, wofür man kämpft und ob der Kampf berechtigt ist oder nicht. Für den kämpfenden Menschen ist nur der entschlossene Einsatz seiner Existenz auf Sein oder Nichtsein wichtig. Denn im Einsatz erlebt er eine mystische Zusammenballung seiner zivilisatorisch aufgesplitterten Existenz auf *eine* Situation und *eine* Entscheidung. »Da tritt kein anderer für ihn ein, auf sich selber steht er da ganz allein«, heiß es schon in *Schillers* Reiterlied. Im Kampf wird Reflexion zu Sünde und Spontaneität zur Erlösung und der selbstvergessene, besinnungslose Angriff zum Erlösungsweg.

Damit entsteht ein Begriff von Menschsein, der nur noch durch Wille und Macht, durch den Willen zur Macht und die Macht des Willens bestimmt ist. Die ideologische Begründung des Krieges und die Frage, wer ihn denn angefangen habe, die utopische Feststellung von Kriegszielen und die Frage, was danach kommt, wird den Rednern zu Hause überlassen. Sie motivieren den Kampf als inneres Erlebnis nicht. Den Stoßtruppkämpfer interessiert das nicht. Er ist im Grunde wie der alte Landsknecht, der für jeden kämpfen kann, weil er nirgendwo zu Hause ist. Er hat »sein Sach' auf nichts gestellt«. Seine Kampf- und Entscheidungsideologie ist die Ideologie des *verlorenen Haufens*, der SS, der Paras, der Marines, der Legionäre, der sogenannten Eliteeinheiten und manchmal auch der Partisanen.

Der Wille zur Macht und die Macht des Willens können auch politische Konsequenzen in der modernen Gesellschaft haben. Das war die Faszination von 1933. Der

Faschismus hatte nämlich im Grunde keine neue und eigene Ideologie, sondern war ein Sammelsurium von angeeigneten Ideen. Im Grunde faszinierte die Menschen weder der Nationalismus noch der behauptete Sozialismus im Nationalsozialismus, sondern etwas ganz anderes: die Macht der Durchsetzung, der *entschlossene Wille* des Führers und die blinde Gefolgschaft, die totale Mobilmachung des Volkes und die Uniformierung der konfliktreichen Interessengesellschaft auf diesen einen Willen. Nicht die Ideen und Ideale, sondern die Entschlossenheit imponierte vielen. Sie vermittelte ihnen das Gefühl der Orientierung in der Weltgeschichte und der eigenen Größe. Es ist wohl nur psychoanalytisch zu erklären, daß die von des Gedankens Blässe angekränkelten Intellektuellen sich manchmal nach solchen Peitschen sehnen, nach dem *starken Mann* und nach autoritären Lösungen ihrer unlösbaren Probleme, und dann auf das stumpfsinnige Lied von der Entscheidung zur Entschiedenheit hereinfallen.

Nach der Ideologie der Landsknechte soll das tiefste Glück des Menschen darin bestehen, daß er geopfert wird. In der völligen Hingabe soll die Erlösung von der Ungewißheit liegen, in der einer nicht weiß, wozu er da ist. Das hatte *Hitler* auch dem ganzen deutschen Volk in seinem Buch »Mein Kampf« versprochen: »Idealismus: Wir verstehen darunter nur die Aufopferungsmöglichkeit des einzelnen für die Gesamtheit... Er allein führt die Menschen zur freiwilligen Anerkennung des Vorrechts der Kraft und der Stärke und läßt sie zu einem Stäubchen jener Ordnung werden, die das ganze Universum formt und bildet.«[75] Die beste Vorbereitung des neuen, kühnen Lebens der Aufopferung ist die Vernichtung der Wertungen und Normen des humanistischen Geistes, die Zerstörung der Erziehungsarbeit, die das bürgerliche Zeitalter am Menschen geleistet hat. »Die beste Antwort auf den Hochverrat des Geistes gegen das Leben ist der Hochverrat des Geistes gegen den Geist; und es gehört zu den hohen und grausamen Genüssen unserer Zeit, an dieser Sprengarbeit beteiligt zu sein«, bekannte *E. Jünger* 1932 in seiner Schrift »Der Arbeiter«[76].

Einen vergleichbaren Hochverrat des Geistes gegen den Geist findet man heute vielfach an den Universitäten; sei es, daß die einen die Autorität des Geistes wieder an die starken Männer der Politik und ihre autoritären Entscheidungen binden wollen, um so die »Freiheit der Wissenschaft« zu retten, sei es, daß andere sich im Anarchismus sonnen und in Ohnmacht den Kult der Gewalt zelebrieren. Die Verachtung der Universität als »Elfenbeinturm«, der von »Fachidioten« bewohnt wird, oder als »Spielwiese« unverbindlicher Meinungen und ihrer Diskussionen als pures Geschwätz kann zwar die politische Verantwortung der Wissenschaften einschärfen, kann aber viel leichter in die Herrschaft der Manager und Kommissare umschlagen. Die Ohnmacht des Geistes und der Wissenschaften wird von vielen ähnlich empfunden. Statt aber die Macht dieser Ohnmacht herauszustellen, fallen manche auf die Machtslogans von rechts oder links herein und suchen selbstmörderisch nach »dem letzten Gefecht« zwischen den Knüppeln der Polizei und den Molotow-Cocktails derer, die sich für Partisanen halten. Wenn es einen »Hochverrat des Geistes« gibt, so liegt er in der Unterwerfung von Lehre und Forschung unter die geistlose Macht.

Staatspolitisch führt die Anbetung der machtvollen Entscheidung zur Zerstörung der parlamentarischen Demokratie, die als nur *formale Demokratie* blamiert wird[77]. Das Bürgertum, so hatte der Philosoph der spanischen Konterrevolution *Donoso Cortes* gegen die Französische Revolution gesagt, ist eine *clasa discutidora.* Sie möchte jede politische Einzelheit diskutieren und die gesamte politische Wahrheit in eine Diskussion auflösen. Ihr Wesen ist Verhandeln und ihre Frucht der Kompromiß. Ihre Utopie besteht in der Hoffnung, man könne die Entscheidungsschlacht in eine parlamentarische Dauerdebatte verwandeln und durch Diskutieren aufschieben. Der Gegensatz zur Diskussion ist die Diktatur, die sich der Entscheidungsschlacht stellt. Das liberale Bürgertum hätte die Frage: »Christus oder Barabas?« mit der Einsetzung einer Untersuchungskomission beantwortet und die geforderte Entscheidung damit *ausgeklammert.* Wie ist es aber, wenn es keine gemeinsamen Normen und keine verbindlichen Übereinkünfte mehr gibt, an denen sich die Entscheidungen als recht oder unrecht ausweisen lassen? Müssen nicht auch die normativen Instanzen wieder diskutiert werden, und kann die Diskussion nicht alle Entscheidungen wieder in Frage stellen und damit suspendieren? Wenn alles hinterfragbar und diskutabel wird, dann löst sich alles Feste auf und gerät in die Schwebe. Wo werden dann Entscheidungen eindeutig und verbindlich? Wieder stellt sich die Flucht in die nackte Entscheidung als Verführung ein. Das Politische liegt dann nicht in den diskutierbaren Interessenkonflikten und in den auszuhandelnden Kompromissen, sondern in der Souveränität. Politische Souveränität aber tritt am klarsten in den Ausnahmefällen hervor. Darum sagte der umstrittene Staatsrechtler *Carl Schmitt:* »Souverän ist, wer über den Ausnahmezustand entscheidet.« Denn in dieser Entscheidung geht es nicht mehr um Normen und Normenkontrolle, sondern um die Existenz selbst. Souveränität wird dann vollends eindeutig, wo es um den Existenzkampf eines Volkes geht. In ihm heißt die eigentliche politische Unterscheidung: *Freund oder Feind.* Das Freund-Feind-Verhältnis zeigt sich im Kampf. Es gibt den politischen Entscheidungen ihren wahren Sinn. Denn hier leuchten die Entscheidungen unmittelbar ein: er oder ich, Selbstbehauptung oder Untergang. Infolgedessen ist der Krieg nicht die Fortsetzung der Politik mit anderen Mitteln, sondern der Ernstfall des Politischen selbst. Krieg, Todesbereitschaft und Tötungsbereitschaft haben keinen normativ ausweisbaren, sondern nur einen elementar existentiellen Sinn. Man kämpft gegen den wirklichen Feind, nicht für Programme. Das aber heißt nichts Geringeres als: Die parlamentarische Demokratie ist in den Lebensfragen des Volkes untüchtig. Die politische Diktatur wird zur Erlösung.

Die Demokratisierung der politischen Autorität und der politischen Entscheidungsprozesse wird hier aufgegeben zugunsten einer existentialistischen Politik, aus der dann der Schrei nach Vergewaltigung durch autoritäre Führung entsteht. Der humanisierende Prozeß der Demokratisierung wird als ein autoritätszersetzender Prozeß diffamiert. Das Verlangen nach Entschiedenheit und Autorität wird dadurch nur gefördert und durch politische und religiöse Sektenbildung sowie sektiererische Mentalität in Politik und Kirchen befriedigt.

Die *Apokalyptik vom weltgeschichtlichen Endkampf*

zwischen Gog und Magog bei Harmaggedon ist eine endgeschichtliche Figur des Mythos. Sie ist als Mythos nur noch bei apokalyptischen Sekten lebendig. Die Endgültigkeit aber, die dieser Mythos symbolisiert, ist in das moderne Geschichtsverständnis mit Macht eingezogen. Der Drang, alle Situationen auf die eine Entscheidungsstunde zusammenzuziehen, das Gefühl, es sei die letzte Stunde, und das Denken in Freund-Feind-Kategorien finden sich in politischen Bewegungen ebenso wie in anthropologischen Erlösungslehren. Die Figur sagt: Es ist die *letzte Stunde*, darum geht es um die *absolute Entscheidung*, durch welche die endgültige Scheidung zwischen *uns* und *den anderen* herbeigeführt werden muß. Die Zeit des Redens, Verhandelns und der Überzeugung der anderen ist vorbei. Wird diese apokalyptische Figur existential interpretiert und auf den christlichen Glauben angewandt, so entsteht daraus die Vorstellung von dem Augenblick der Verkündigung als Ruf und Forderung des Absoluten und des Glaubens als der absoluten Entscheidung. Beide, der Ruf und die Glaubensentscheidung, sind dann objektiv unausweisbar. Man kann nicht darüber reflektieren und diskutieren. Man kann sich ihr nur ohne Rückhalt an Gründen und Beweisen stellen. Dann ist der Glaube »der Aufbruch ins Unversicherbare«, der Sprung in den Abgrund, das Wagnis aller Wagnisse, eine »Entscheidung im Nichts«. Ein solcher Glaube ist dann »absoluter Glaube«. Nicht die Glaubwürdigkeit seines Gegenstandes beweist ihn, sondern der eigene geschlossene Einsatz, in dem der Mensch zu sich selbst kommt. Kann aber ein solcher Glaube »christlicher Glaube« sein, der sich der Person und der Geschichte Christi verdankt? Christlicher Glau-

be ist ohne die Glaubwürdigkeit seines Gegenübers nicht möglich!
Wenn an Stelle der Normen und Werte der Humanität in gesellschaftlicher Übereinkunft die Geschichtlichkeit und der Entscheidungscharakter der menschlichen Existenz normativ gemacht werden, so ist man dem Zirkel des Normativen und der Diskussion über seine Begründung keineswegs entgangen, sondern hat nur gewisse Normen durch andere ersetzt. Wenn der politische Ausnahmezustand die wahre Souveränität offenbaren soll, so wird damit doch nur die Ausnahme zur Regel gemacht. Ohne den Normalzustand läßt sich der Ausnahmezustand gar nicht definieren. Ohne Begründung und Zielsetzungen läßt sich auch von Entscheidungen nicht sprechen. Hier liegt logisch ein Zirkel vor, und die Entscheidungsideologie des Dezisionismus kann sich nur im Gegensatz zu solchen Normen und Werten behaupten, bleibt also auch negativ an sie gebunden. Nicht anders steht es mit der Forderung der absoluten Glaubensentscheidung. Sie wird nur im Gegensatz zum historischen Kirchenglauben und dem Glauben aus Sitte und Gewohnheit verständlich. Sie löst sich aber in sich selbst auf, wenn der Grund und der Anhalt des Glaubens ins Unaussagbare und Unbegründbare verschwindet. Der christliche Glaube ist unablösbar mit geschichtlicher Erinnerung an das Christusgeschehen und eschatologischer Hoffnung auf die Zukunft Christi verbunden und so selbst geschichtliche Entscheidung. Der Ruf, den er hört, ist nicht die Posaune des letzten Gefechts, sondern die einladende Verheißung des Gekreuzigten. Sie preßt ihn nicht in die letzte Stunde, sondern schenkt ihm Zeit, weil sie ihm Zukunft eröffnet. Sie öffnet ihm neue Möglich-

keiten, sich selbst und seine Verhältnisse zu ändern. Sie stellt ihn in die *Zeit der Liebe*, die auf die Wandelbarkeit des »Feindes« vertraut, weil sie auf ihn hofft, ihn also nicht erschlägt oder verdammt, sondern ihm zum Leben verhelfen will. Die Atemlosigkeit der Pressionen zur Entscheidung entspricht zwar apokalyptischen Naherwartungen, nicht aber der Bitte des sterbenden Christus, die Paulus in die Worte faßte: »Laßt euch versöhnen mit Gott.« Das Alexanderschwert der nackten Entscheidung ist keine Lösung für die gordischen Knoten der modernen Gesellschaft. Es ist auch keine Lösung für die Glaubwürdigkeitskrise, in die das Christentum in dieser Gesellschaft geraten ist. Wenn christlicher Glaube in der Liebe lebendig ist, so wird er auch die offene Rationalität gegen die Propheten des Irrationalismus schützen wollen.

VI. Der Mensch und der Menschensohn

Dieses Buch über den Menschen sollte insgeheim ein Buch über Gott werden. Das wurde bisher aber nur in negativer Kritik an den modernen Heilslehren, die in den Menschenbildern und Experimenten stecken, zur Geltung gebracht. In diesem letzten Kapitel müssen die *Kriterien* genannt werden, die zu jenen kritischen Auseinandersetzungen geführt haben.

A. Gott ist die Kritik des Menschen,

so heißt unsere These. Sie steht im Gegensatz zur Grundlage der modernen anthropozentrischen Weltauffassung, nach der der Mensch das Kriterium Gottes ist. Mit der Renaissance und der Aufklärung begann das Zeitalter der Anthropologie, das anthropozentrische Zeitalter. Anthropologie im modernen emphatischen Sinn setzt aber eine preisgegebene Theologie voraus und versteht sich als deren Erbe. Einer der zentralen Mythen der neuzeitlichen Menschen ist der Mythos »Gott ist tot! Wir haben ihn getötet« *(Nietzsche)*. Das Geheimnis der Theologie wurde als Anthropologie enthüllt. Nicht die Menschen sind das Ebenbild Gottes. Die Götter sind das Ebenbild des Menschen. Nicht die Menschen sind

Geschöpfe Gottes. Die Götter sind die Geschöpfe menschlicher Angst und Sehnsucht. *Ludwig Feuerbach* gab diesem Verdacht des modernen Menschen seinen bleibenden Ausdruck in seiner Religionskritik[78]. Er vertauschte dabei Subjekt und Prädikat und reduzierte alle Gottesprädikate auf das menschliche Subjekt: Das Bewußtsein des Unendlichen ist nichts anderes als die Unendlichkeit des Bewußtseins. Das Bewußtsein Gottes ist nichts anderes als das Selbstbewußtsein des Menschen. Gott ist eine Wunschprojektion des Menschen, der mit sich selbst zerfallen ist. Er ist sozusagen das bessere Selbst des Menschen, das dieser sich gegenüberstellt und dann anbetet. Wie kann der Mensch zu sich selbst kommen? Nur so, daß er seine religiösen Wunschbilder als seine eigenen Projektionen durchschaut, sie sich aneignet und in sich zurücknimmt. Dann ist er nicht mehr der gespaltene Mensch, der sein besseres Selbst in den Himmel versetzt hat, sondern der mit sich einige Mensch, der sein besseres Selbst auf Erden verwirklicht. *Feuerbach* war in seiner Negation kritisch gegen die religiösen Bilder der menschlichen Angst vor sich selbst. In seiner Kritik folgte er dem alttestamentlichen *Bilderverbot:* »Du sollst dir kein Bildnis noch Gleichnis machen. Bete sie nicht an und diene ihnen nicht« (2. Mose 20, 4). Er nahm die alte Tradition *negativer Theologie* auf: »Was Gott ist, wissen wir nicht« *(Thomas von Aquin).* In seiner Position aber wurde er selbst wieder religiös. »Die neue Philosophie macht den Menschen mit Einschluß der Natur... zum alleinigen, universalen und höchsten Gegenstand der Philosophie — die Anthropologie also,... zur Universalwissenschaft.« »Mensch mit Mensch — die Einheit von Ich und Du ist Gott.«[79] *Feuerbach* glaubte also an alle Prädikate Gottes und übertrug sie nur auf den Menschen und die Menschheit. Ist nach *Feuerbach* das Geheimnis der Theologie die Anthropologie, so ist das Geheimnis seiner Anthropologie der *Anthropotheismus* (Vergottung des Menschen). Darum zog er die Konsequenz: »Die Politik muß unsere Religion werden, aber das kann sie nur, wenn wir ein Höchstes in unserer Anschauung haben, welches uns die Politik zur Religion macht.« Wenn aber die Politik zur Religion werden soll, was war dann der Sinn der Religionskritik? Wenn die Entgötterung des Himmels der Religion zur Vergottung des Menschen auf der Erde führt, was soll dann Anthropologie heißen? Wenn die Entthronung Gottes den Menschen zum Gott seiner selbst macht, hat es keinen Sinn mehr, von Anthropologie zu reden. Gott ist tot und soll beerbt werden. Wenn aber der Erbe sich an seine Stelle setzt, so ist er kein Mensch mehr, sondern selbst Gott, wenngleich vielleicht nur erst »ein Gott im Werden« *(R. Garaudy).* Das Elend der modernen Anthropologie auf dem Boden einer beerbten Theologie liegt genau in ihren theologischen und religiösen Erbschaften. Als *totaler Mensch*, als *idealer Mensch*, als *Möglichkeitsmensch* oder *Entscheidungsmensch* muß der Mensch sich selbst leisten, was er nicht leisten kann. Die Vergottung des Menschen macht ihn nicht menschlicher, sondern eher unmenschlicher. Eine Anthropologie, die im neuzeitlichen, nachchristlichen Sinn die Theologie beerben will, verliert mit dem wirklichen Gott auch den wirklichen Menschen aus dem Auge. Da sie Gott und Mensch in eins setzt, kann sie nicht mehr sagen, von wem sie spricht.

Die Neuzeit hat *den Menschen* zum ikonoklastischen

Wort gegen Gott gemacht: von der menschlichen Selbsterkenntnis geht ein Bildersturm gegen die religiösen Götterbilder aus. Das aber bleibt nur so lange sinnvoll, wie auch umgekehrt der wirkliche Gott zum ikonoklastischen Wort gegen den Menschen wird: von der Gotteserkenntnis geht ein Bildersturm gegen die Menschenbilder aus, in denen sich der Mensch selbst bespiegelt, rechtfertigt und vergottet. Gotteserkenntnis und Selbsterkenntnis hängen wechselseitig zusammen, so daß es keine Gotteserkenntnis ohne Selbsterkenntnis (und ohne Religionskritik) und keine Selbsterkenntnis ohne Gotteserkenntnis (und ohne Selbstkritik) geben kann. Nur im wechselseitigen Bildersturm der Kritik entsteht ein Verständnis der *Transzendenz*, die nicht entfremdet, aber auch nicht vergottet, sondern humanisiert, und ein Verständnis der *Immanenz*, die nicht resignieren und nicht tyrannisieren läßt, sondern endliche Freiheit ermöglicht. Anthropologie im emphatischen Sinne des Gottesmordes ist heute nicht mehr möglich. Die Anthropologie muß vielmehr ihren beanspruchten Anthropotheismus aufgeben, um wieder menschlicher vom Menschen zu sprechen und ihn nicht mit absoluten Forderungen zu überfordern, die er nur enttäuschen kann. Man muß schon Auschwitz und Hiroshima und die Contergankinder vergessen, um den Menschen für ein göttliches Wesen zu halten. Der Mensch wird dann menschlicher, wenn er in die Lage versetzt wird, seine Selbstvergottungen und seinen Götzendienst mit seinen Gewinnen und Errungenschaften zu lassen. Was aber versetzt ihn wirklich in diese Lage? Es ist die kritische Aufgabe der Theologie, der Anthropologie das Absolute und Totalitäre und die Gesetzlichkeit des Heils zu entziehen. Die Theologie kommt erst zu sich selbst, wenn sie sich die anthropologische Religionskritik gefallen läßt und das Bilderverbot ernst nimmt. Umgekehrt kommt auch die Anthropologie erst auf den Boden der Wirklichkeit, wenn sie sich die kritische Theologie gefallen läßt, und das Ganz-Andere respektiert, an dem alle Selbsterkenntnisse des Menschen zu endlichen Fragmenten werden. Ohne jenes Ganz-Andere werden das sterbliche Glück und die unvollkommene Gerechtigkeit im Hiesigen unannehmbar. Ohne die Sehnsucht nach dem Ganz-Anderen verliert der Mensch die Würde seiner Fragwürdigkeit. Ohne Vertrauen in Gott erlahmen der Protest gegen die Ungerechtigkeit und der Kampf um Gerechtigkeit. Welches sind die Kriterien der theologischen Kritik am Menschen?

B. Der schöpferische Gott und der freie Mensch

Das erste Versprechen, das wir aus der Bibel über den Menschen hören, ist seine Schöpfung zur *Gottesebenbildlichkeit*. Was war damit gemeint, und was heißt es heute? »Gott schuf den Menschen ihm zum Bilde, zum Bilde Gottes schuf er ihn« (1. Mose 1, 17)[80].

Das heißt zuerst: Der Mensch ist ein *Geschöpf Gottes* wie alle anderen Geschöpfe auch. Sie sind seine Mitgeschöpfe. Er ist nicht ihr Gott, und umgekehrt ist weder »Mutter Natur« noch »Vater Staat« sein Gott. Zwischen Gott und Nichts existiert der Mensch zusammen mit allen anderen Wesen als Geschöpf des göttlichen Wohlgefallens. Eine Solidarität umfaßt ihn zusammen mit der Natur. Dieser Schöpfungsglaube hat eine kritisch-befreiende Kraft, wenn man ihn ernst nimmt. Die Götter und die Dämonen verschwinden aus der Welt, die als Schöpfung des jenseitigen Gottes angenommen wird. Mit ihr wird weiter der Selbstvergottung der Menschen, der Cäsarenpolitik, dem Nationalismus und dem Warenfetischismus der Boden entzogen. Den göttlichen Menschen gibt es nicht. Der menschliche Mensch ist weder »des Menschen Gott« noch »des Menschen Wolf«, sondern weiß sich als des freien Gottes Geschöpf unter Mitgeschöpfen. Wie sie ist er aus dem Nichts ins endliche Dasein gerufen. Das heißt weiter: Von allen Geschöpfen ist allein der Mensch zum *Bild Gottes* auf Erden geschaffen und bestimmt. Das Bild oder Ebenbild ist etwas, das Gott selbst entspricht und entsprechen soll. In seinem Ebenbild will der Schöpfer seinen Partner, sein Echo und seine Ehre finden. In seinem Bild will er selbst auf Erden gegenwärtig sein. Sein Ebenbild soll ihn vertreten und in seinem Namen handeln. In seinem Bild soll man ihm selbst begegnen und seine Güte erfahren. Der Schöpfungsglaube sieht alles als Schöpfung Gottes an, den Menschen aber als Bild Gottes. Das bezeichnet die Sonderstellung des Menschen im Kosmos. Die Dinge und Tiere sind, was sie sind. Der Mensch aber ist ein Spiegel dessen, was er über alle Dinge fürchtet und liebt. Er kann ein Spiegel seiner leiblichen Interessen sein, ein Spiegel seiner Gesellschaft, ein Spiegel seiner eigenen Werke und sozialen Rollen, immer aber ist er ein Spiegel dessen, was er liebt und fürchtet. Das macht seine exzentrische Position aus. Die Bestimmung des Menschen zur Gottesebenbildlichkeit sagt, daß der Mensch nicht im Vorhandenen aufgehen kann, sondern daß die unendliche Distanz des Schöpfers von seiner

Schöpfung auch den Menschen zur unendlichen Freiheit gegenüber allen endlichen Dingen und Verhältnissen und seiner eigenen Wirklichkeit bestimmt. Es ist die Würde des Menschen, daß er dieser Entsprechung gewürdigt wird. Und es ist sein Elend, daß er von dem Augenblick an, wo er seinen transzendenten Hintergrund vergißt, von den endlichen Dingen Unendliches und von irdischen und menschlichen Verhältnissen Göttliches erwarten oder befürchten muß. »Woran du dein Herz hängst, das ist dein Gott«, hatte Luther im Großen Katechismus mit Recht gesagt. »Wer sich selbst ansieht, leuchtet nicht«, sagt ein chinesisches Sprichwort.

Der Glaube an die Bestimmung des Menschen zur Gottesebenbildlichkeit wird durch das alttestamentliche *Bilderverbot* geschützt. Der Mensch soll sich kein Bildnis noch Gleichnis Gottes machen »weder des, das oben im Himmel, noch des, das unten auf Erden, oder des, das im Wasser unter der Erde ist« (2. Mose 20, 4), weil er selbst und nur er selbst das Bild und Gleichnis Gottes auf Erden darstellen soll. Nach der Weltauffassung der heidnischen Bilderreligionen ist die ganze Welt gottverwandt. Darum gibt es überall in Natur und Geschichte die Möglichkeit, ein »Fenster« zum Göttlichen zu bekommen. Denn »alles Vergängliche ist nur ein Gleichnis«. Das alttestamentliche Bilderverbot schneidet dem Menschen diese Möglichkeit ab. Die Welt ist die gute Schöpfung Gottes, aber nicht sein Bild. Der Mensch kann sich in seiner Bestimmung zum Bilde Gottes nicht durch anderes vertreten lassen. Das Bilderverbot schützt also die Freiheit Gottes gegenüber seiner Schöpfung und zugleich auch die Freiheit des Menschen gegenüber der Welt. Mit dieser praktizierten Unterscheidung von Gott und Welt verschwanden die vermittelnden Halbtranszendenzen aus der Welt. Allein *der Mensch* ist zur Vermittlung zwischen dem transzendenten Gott und der immanenten Welt aufgerufen. Wer aber ist der Mensch? Die Vorstellung, daß der *König* Gottes Ebenbild und Gottes Sohn sei, hat es immer gegeben, bei den Pharaonen, bei den absolutistischen Sonnenkaisern wie bei modernen Diktatoren. In der Schöpfungsgeschichte aber wird diese Königsideologie gleichsam *demokratisiert.* Nicht *ein* König, sondern *der Mensch,* jeder Mensch und alle Menschen zusammen, ist zum Bild Gottes auf Erden bestimmt. Wiederum hat der Glaube an diese Bestimmung und Würde des Menschen eine eminent kritische Funktion. Er verbietet die Vergottung der Herrscher, Führer und Genies. Er mutet *dem Menschen* die Freiheit dieses Auftrags zu. Er macht ihm die Vergottung seiner Nation, seines Volkes, seiner Gesellschaft und Rasse unmöglich. »Du sollst dir kein Bildnis noch Gleichnis machen«, gilt gerade für die Politik, wo rücksichtslose Herrschsucht und verantwortungslose Untertänigkeit oft zusammenkommen.

Der Gedanke der Gottesebenbildlichkeit sagt endlich: »Macht euch die Erde untertan« (1. Mose 1, 28). Menschen sollen über Gottes Schöpfung herrschen, indem sie schaffen, nicht aber ausbeuten und zerstören. Dieser Gedanke wurde gefaßt zu einer Zeit, als die Möglichkeiten des Menschen gering waren und die Natur unbegriffen über ihn herrschte. Erst seit der wissenschaftlichen Aufklärung der Natur und der technischen Weltherrschaft kommen Menschen mehr und mehr in diese Position hinein. Ihre Macht wächst nahezu unbegrenzt. Wer aber Macht gewinnt, wird verantwortlich für den Machtgebrauch. Der Gedanke der Gottesebenbildlichkeit verbindet die Freiheit gegenüber der Welt mit der Verantwortung für die Welt vor Gott. Macht über die Natur zu gewinnen ist heute nicht mehr das Problem. Aber diese Macht in Verantwortung *für* die Natur und *für* eine menschliche Zukunft des Menschen zu gebrauchen ist das Problem der Gegenwart. Die technische Macht ist universal geworden, aber die Verantwortungsinstanzen der Menschen sind national und provinziell geblieben. Der Gedanke der Gottesebenbildlichkeit *des Menschen* verlangt daher heute die entschlossene Überwindung der nationalen und Klassen-Grenzen und den Aufbau einer Menschheitsgesellschaft, in der jene Verantwortung der Macht wahrgenommen werden kann.

C. *Die Weltreiche und das Reich des Menschensohns*

Wem gehört die Weltherrschaft? Das ist die theologisch-politische Frage des christlichen Glaubens. Wir nehmen aus der Prophetie des Alten Testamentes die große Geschichtsvision *Daniels* auf (Kap. 7)[81]. Daniel sieht hier die Weltgeschichte in einem Traumbild vor sich: Vier Tiere steigen nacheinander aus dem Meer (dem Chaos), herrschen eine Zeitlang und werden dann gerichtet. Zuerst kommt ein Löwengreif. Er stellt das babylonische Reich dar. Dann kommt ein gefräßiger Bär. Er stellt das medische Reich dar. Dann kommt ein Panther mit Flügeln. Er symbolisiert das persische Reich. Dann kommt das eiserne Reich eines unbeschreiblichen Ungetüms, das alle anderen Reiche und Menschen zermalmt. Die Weltherrschaft, die *dem Menschen* verliehen wurde, wird nach diesem Bild von Usurpatoren in tierischer Gestalt an sich gerissen. In ihren Reichen herrschen nicht menschliche, sondern »tierische« Verhältnisse. Mit diesen vier Weltreichen wird, wie Daniel sagt, »der Frevel vollendet und die Sünde vollständig«. Ihre Zukunft ist der Untergang und das Gericht. »Ich schaute in Gesichten der Nacht«, fährt Daniel fort, »und siehe, mit den Wolken des Himmels kam einer, wie der *Sohn des Menschen*. Zum Alten der Tage gelangte er. Da wurde ihm gegeben Herrschaft und Herrlichkeit. Alle Völker, Nationen und Zungen werden ihm dienen. Seine Herrschaft wird eine ewige Herrschaft sein« (7, 13 ff.). Wer ist der »Menschensohn«? Es ist damit sowohl *ein* Mensch wie *die Menschheit* gemeint. Er kommt nicht aus dem Chaos, sondern von Gott. Er verbreitet Gerechtigkeit. Er befreit Unmenschen zu ihrer wahren menschlichen Bestimmung. Das Menschsein des Menschen kommt im *menschlichen Reich* des *Menschensohns* zu *seiner* Wirklichkeit. Im Reich des Menschensohns erfüllt sich die Gottesebenbildlichkeit des Menschen. Durch den menschlichen Menschen macht Gott endgültig sein Recht auf seine Schöpfung geltend. Er überläßt die Menschen nicht dem selbstgewählten Chaos, sondern erscheint selbst in dem menschlichen Menschen. Mit Daniel wird so aus der erinnerten Bestimmung zur Gottesebenbildlichkeit auf Erden die Prophetie des kommenden Menschensohns und des menschlichen Reiches auf Erden. Das ist keine von der Welt abgetrennte religiöse Idee, sondern eine Hoffnung für die Zukunft der Erde, die polemisch gegen jene Mächte gerichtet ist, die jetzt um die Weltherrschaft kämpfen und »tierisch« die Menschlichkeit unterdrücken.

Ob Jesus sich selbst für diesen prophezeiten Menschensohn gehalten hat, läßt sich historisch schwer ausmachen. Die nachösterliche Gemeinde aber hat Jesus von Nazareth mit dem erhofften Menschensohn identifiziert. In ihm, der die Gottesgerechtigkeit als das Recht der Gnade verkündete; in ihm, der das Reich Gottes den Armen zusagte; in ihm, der Ausgesetzte, Verworfene und Erniedrigte in seine Gemeinschaft aufnahm; in ihm endlich, der von den Mächten und Gesetzen dieser Welt hingerichtet und in Gottes Zukunft auferweckt wurde, sahen sie die Verkörperung des Menschensohns und die Gegenwart des menschlichen Menschen mitten in einer unmenschlichen Welt. Was bei Daniel ferne Zukunft war, wurde für sie in der Gemeinschaft und Nachfolge Jesu Christi angebrochene Gegenwart. Worauf Daniel nur gewartet hatte, ergriffen sie als ihre neue Möglichkeit im Glauben an Christus. Daniel konnte auf jene Zukunft nur hoffen und harren. Für sie aber hatte diese Zukunft des Menschensohns mit dem Kommen Christi schon begonnen. Darum begannen sie, aus dieser Zukunft heraus schon jetzt zu leben und zu lieben und die Zwänge der tierischen Weltreiche abzuschütteln. Dabei wurde Jesus keineswegs durch die Hoffnungsfigur des Menschensohns idealisiert. Der ohne Macht und Herrlichkeit Gekreuzigte gibt keine gute ethische oder ästhetische Figur her. Der humanistische Idealismus hat darum den Gekreuzigten immer als unästhetisch und seine Verehrung als unanständig empfunden. Er entsprach nicht der Liebe zum Guten und Schönen. Ein Vorbild tapferer Humanität läßt sich aus Jesus schwer machen.

Denen, die ihre Menschlichkeit verloren haben und von Unmenschlichkeiten gequält werden, helfen schöne Bilder und Vorbilder im Grunde auch nichts. Die Christen sahen die Menschlichkeit Jesu gerade in seiner Passion und empfingen ihre neue Menschlichkeit aus seinem Leiden und Sterben. Sie sahen in ihm den *leidenden Gottesknecht:* »Er war der Allerverachtetste und Unwerteste, voller Schmerzen und Krankheit. Er war so verachtet, daß man das Angesicht vor ihm verbarg. Aber fürwahr, er trug unsere Krankheit und lud auf sich unsere Schmerzen... Er ist um unserer Missetat willen verwundet und um unserer Sünde willen zerschlagen. Die Strafe liegt auf ihm, daß wir Frieden hätten, und durch seine Wunden sind wir geheilt« (Jes. 53, 3-5).
Der Menschensohn ist dann nicht ein idealer Übermensch, der das Elend mit Gewalt beendet, die neues Elend schafft. Er transzendiert den Menschen, indem er sich in den Krankheiten und Verfehlungen der Unmenschen begreift. Er ist der Menschensohn, indem er die Verlorenen aufnimmt und die Unberührbaren annimmt. Er führt das menschliche Reich herauf, indem er die Schmerzen und Sünden der Menschen und ihre Verlassenheit im Gericht auf sich nimmt. Seine *Herrschaft* hat nichts mit der Art der Weltherrscher zu tun. Sie besteht nicht in einem Superlativ von Herrschaft (»König der Könige« oder »Superstar«), sondern in der Umkehrung der Herrschaft ins Dienen, der Macht in die Liebe und der Forderungen ins stellvertretende Leiden. Zwar bleibt der universale Rahmen der Hoffnung bestehen: ihm, dem Gekreuzigten, hat Gott die Weltherrschaft übergeben (Matth. 28, 18). Darum sollen an ihm die tierischen Weltreiche vergehen. Die Cäsaren oder

der Gekreuzigte? heißt die Entscheidungsfrage des christlichen Glaubens. *Jesus der Menschensohn* ist keine Privatperson, wie das liberale Bürgertum im 19. Jahrhundert meinte, sondern enthält eine theologisch-politische Provokation. Aber dieser Menschensohn ist Jesus der Gekreuzigte. Seine Macht ist die Ohnmacht der Gnade, die versöhnende Kraft des Leidens und die Herrschaft sich entäußernder Liebe. Sein Reich liegt in der unscheinbaren Bruderschaft der Armen, Gefangenen, Hungernden und Schuldiggewordenen. Die von den Weltreichen Verstoßenen werden in seiner Gemeinschaft zu Trägern des menschlichen Reichs des Menschensohns. Darum heißt es in den Seligpreisungen (Matth. 5, 3-5):

»Selig die Armen, denn das *Himmelreich* ist ihr.
Selig die Leidtragenden, denn sie sollen *getröstet werden.*
Selig die Sanftmütigen, denn sie werden das *Erdreich besitzen.*«

Diesen Zug zum niedrigen, unscheinbaren, aber realen Sein des Menschen hat die Leidensgestalt des Gekreuzigten in die Menschensohnhoffnung gebracht. Umgekehrt hat die Menschensohnhoffnung damit den wirklich Hoffnungslosen auf dieser Welt die Hoffnung Gottes gebracht. Was ergibt sich daraus für eine christliche Anthropologie?

E. Leben in der Versöhnung

Für den antiken und den neuzeitlichen Humanismus ist der Mensch das, was er aus sich macht. Seine volle Menschlichkeit kann darum nur am Ende seines Humanisierungsprozesses stehen. Sie begegnet dem vorhandenen Menschen als unendliche Forderung seiner eigenen Selbstverwirklichung. Im christlichen Glauben entdeckt der Mensch seine Menschlichkeit darin, daß er trotz seiner Unmenschlichkeit schon von Gott geliebt und trotz seiner Verfehlung schon zur Gottesebenbildlichkeit gerufen und allen Weltreichen zum Trotz schon in die Gemeinschaft des Menschensohnes genommen ist. Liebe macht aus einem ungeliebten Wesen ein geliebtes Wesen. Der Ruf eines anderen macht aus einem verlassenen Leben ein antwortendes Leben. Der gekreuzigte Menschensohn bringt Versöhnung in den Schmerz der Entzweiung hinein. Der Mensch kann sich annehmen trotz aller seiner Unannehmbarkeiten, weil er von Gott schon angenommen ist *(P. Tillich)*. Er kann trotz Auschwitz und Hiroshima und Conterganskindern der Erde treu bleiben, weil auf dieser Erde das Kreuz Christi steht. Mitten in der unerträglichen Leidensgeschichte der Welt entdeckt er die versöhnende Leidensgeschichte Christi. Das gibt ihm die Kraft zu hoffen, wo nichts mehr zu hoffen ist, und zu lieben, wo man sich haßt. Der Mensch wird menschlich, wenn er in die Lage versetzt wird, seine Selbstvergottungen und seinen Götzendienst mit seinen Gewinnen zu lassen, sagten wir. Wer versetzt ihn in diese Lage? Die Erkenntnis, daß Gott im Weg Jesu unser Schicksal und unsere Schuld sich zu eigen gemacht hat, die Erkenntnis, daß die Zukunft des Menschen im gekreuzigten Menschensohn schon begonnen hat, versöhnt den Menschen und befreit ihn von Hochmut und Angst, die noch stets die Quellen für den Götzendienst gewesen sind. Diese Freiheit nennen wir Glauben. Wer glaubt, flieht nicht mehr, weder in die unberührbare Ironie noch in die trotzige Utopie. Er flieht nicht sozialromantisch in die goldene Vergangenheit. Er emigriert nicht innerlich in die Reinheit des Herzens. Er verliert sich auch nicht mehr in Träumen von einer besseren Welt. Er findet überraschenderweise »Frieden mitten im Streit« und das versöhnende Ja mitten im berechtigten Nein. Er findet Gewißheit mitten in den Ungewißheiten und seine Identität als Mensch in seinen unmenschlichen Nicht-Identitäten. Er kann sich darum in diese unerlöste Welt hinein mit Liebe, Sanftmut und Geduld entäußern, ohne befürchten zu müssen, sich selbst zu verlieren, und ohne den Zwang, sich selbst verwirklichen zu müssen. Er braucht sich die Anerkennung und die Liebe Gottes nicht zu erwerben, sondern kann aus einem anerkannten und geliebten Dasein heraus frei handeln.

Hier liegt wirklich das Besondere der christlichen Möglichkeit des Menschen. Es gibt eine alte jüdische Geschichte: Einem weisen Rabbi wurde berichtet, daß es Menschen gibt, die sagen, der Menschensohn sei schon gekommen. Er antwortete nichts, sondern öffnete das Fenster und sah in die Welt hinaus, kehrte um und schüttelte den Kopf. Wäre der Menschensohn schon gekommen, so sähe die Welt anders, nämlich menschlicher aus. Dann wäre das Weinen aus der Welt verschwunden, und die Völker würden ihre blutigen Schwerter zerbrechen und Pflugscharen aus ihnen machen. Für das Judentum wie für den moralischen Humanismus gibt es keine Enklaven der Erlösung in einer ansonsten unerlösten Welt[82]. Das Christentum aber lebt davon, daß verborgen in der Gestalt des Gekreuzigten das Reich des Menschensohns schon angebrochen ist und man heute schon aus seinen neuen Möglichkeiten heraus anders leben kann. Im Weg und Geschick Jesu Christi liegt für den Glauben die Vorwegnahme, oder besser: die Vorgabe des kommenden Reiches des menschlichen Menschen mitten in den Weltreichen. Zwar ist diese Vorwegnahme noch nicht das Reich selbst, aber doch schon sein Anfang und seine Grundlegung. Der Gekreuzigte verkörpert die neue Menschlichkeit, die Gott entspricht, unter den Verhältnissen der Unmenschlichkeit, die Gott widersprechen. Er verkörpert Heimat unter den Verhältnissen der Fremde und Freiheit mitten in den Fesseln der Sklaverei. Aber gerade damit werden Menschen ermächtigt, diese Verhältnisse zu ändern, die Welt heimatlicher zu gestalten und die innere und äußere Sklaverei abzuschaffen. Versöhnung, so sagt die theologische Sprache, ist der Anfang der Erlösung in einer unerlösten Welt, und Erlösung ist die erhoffbare Zukunft der Versöhnung. Die Feststellung der unmenschlichen Welt widerspricht dieser nicht. Die im Glauben erfahrene Versöhnung aber widerspricht ihr radikal. Wer Versöhnung erfahren hat, kann sich nicht mehr mit dem Zustand der Welt abfinden. Die Freude, die er erfährt, macht ihm das Elend der Kreatur zum Schmerz. Versöhnung ohne Veränderung des Lebens und der Verhältnisse ist ein billiger Trost. Veränderung ohne Versöhnung aber bleibt verkrampft und führt leicht zum Terrorismus.

Menschlichkeit aus erfahrener Versöhnung führt im Angesicht dieser unerlösten Welt von selbst zur Hoffnung. Zwar wird »Hoffnung« heute groß geschrieben, aber man versteht darunter oft Optimismus oder befohlene Tapferkeit: »Hoffen und nicht verzagen.« In Wahrheit ist Hoffnung ein seltenes Geschenk. In der wirksamen Hoffnung flieht der Mensch nicht aus dem unerträglichen Druck der Gegenwart in eine tröstliche, bessere Zukunft, sondern er zieht die andere, die menschliche Zukunft in seine Gegenwart hinein und lebt schon jetzt aus ihr. Das macht die Gegenwart nicht erträglicher, sondern oft eher unerträglicher, jedenfalls aber konfliktreicher. In der Hoffnung öffnet sich der Mensch für die Zukunft, die ihm versprochen ist, und verläßt das Gehäuse seines Lebens wie seiner Gesellschaft. Richtet sich die Hoffnung auf das menschliche Reich des Menschensohns, so bringt sie den Hoffenden in Widerspruch zu den Unmenschlichkeiten, die er sieht. Sie erlaubt ihm nicht mehr zu sagen, daß es nicht anders sein kann, weil es immer so war. Hoffnung ändert einen Menschen, weil sie ihm seine neuen Möglichkeiten zeigt. Diese Hoffnung macht ihn bereit, sich selbst zu verlassen und in der Liebe ganz bei dem anderen zu sein. Das Besondere der christlichen Möglichkeit zur Hoffnung liegt darin, daß sie aus der Erinnerung an die Auferweckung des gekreuzigten Menschensohns geboren wird. Daß die Zukunft des menschlichen Menschen mit diesem ausgestoßenen und verworfenen Menschensohn begonnen hat, das kann man wohl als die unmögliche Möglichkeit der Hoffnung in dieser Welt bezeichnen. Denn diese Erinnerung sagt, daß Gott die Zukunft des Menschen nicht an den Spitzen des menschlichen Fortschritts begonnen hat, sondern mit diesem Erniedrigten. Hoffnung, die aus der Erinnerung des Gekreuzigten geboren ist, führt darum zum Hoffen, wo nichts zu hoffen ist. Sie sieht die Zukunft des Menschen nicht im Fortschritt, sondern bei seinen Opfern. Die Armen, dic Schwarzen, die Schuldiggewordenen, die keinen Platz in der Welt haben, sind die Utopie Gottes in der Welt. Das kann man die *christliche Utopie* nennen. Während die Utopie sonst das meint, was noch keinen Ort in der Welt hat, meint diese Utopie die Zukunft des Menschensohns, der keinen Ort fand, wo er sein Haupt hinlegen konnte, außer einer Krippe und einem Kreuz. Die christliche Hoffnung ist, sofern sie christlich ist, die Hoffnung der Zukunftslosen. Sie ist darum eine Widerspruchshoffnung gegen die selbstgefälligen Optimisten und die ebenso selbstgefälligen Pessimisten.

Leben in der Hoffnung heißt *Liebenkönnen*, und zwar das ungeliebte und verstoßene Leben lieben können. Was aber heißt Lieben anders, als mit den ungeweckten Möglichkeiten des anderen Menschen zu rechnen, einschließlich der Möglichkeiten Gottes an ihm? Versöhnung und Hoffnung werden durch konkrete, persönliche und soziale Liebe verbreitet. Darum liegen endlich in der schöpferischen, versöhnenden und hoffenden Liebe die tiefsten Möglichkeiten des menschlichen Menschen in einer unmenschlichen Welt.

Anmerkungen

1 *H. Plessner,* Conditio humana. Einleitung zur Propyläen-Weltgeschichte, Berlin 1961, Opuscula 14, Pfullingen 1964, 49. *E. Bloch,* Spuren, neue erw. Ausgabe, Frankfurt 1959, 7.

2 *A. Gehlen,* Der Mensch. Seine Natur und Stellung in der Welt, Bonn 1958[6]; *ders.,* Urmensch und Spätkultur, Bonn 1956. *F. J. J. Buytendijk,* Mensch und Tier, rde 74, Hamburg 1958; *ders.,* Das Menschliche. Wege zu seinem Verständnis, Stuttgart 1958; *H. Plessner,* Lachen und Weinen. Eine Untersuchung nach den Grenzen menschlichen Verhaltens, Bern 1961[3]; *A. Portmann,* Biologie und Geist, Zürich 1956; *ders.,* Zoologie und das neue Bild vom Menschen, Hamburg 1956.

3 *J. G. Herder,* Über den Ursprung der Sprache (1770), Berlin 1959, 18 ff.

4 *A. Mitscherlich,* Die Unfähigkeit zu trauern. Grundlagen kollektiven Verhaltens, München 1968, 86 ff.

5 *M. Scheler,* Die Stellung des Menschen im Kosmos, München 1947, 41.

6 *E. Cassirer,* Was ist der Mensch? Stuttgart 1960; *E. Rothacker,* Philosophische Anthropologie, Bonn 1964; *M. Landmann,* Philosophische Anthropologie, Göschen 156/156a, Berlin 1964; *ders.,* Der Mensch als Schöpfer und Geschöpf der Kultur, München 1961; *H. J. Schoeps,* Was ist der Mensch? Philosophische Anthropologie als Geistesgeschichte der Neuzeit, Göttingen 1960.

7 *Novalis,* Schriften, ed. I. Minor, Jena 1923, III, 109.

8 *I. Kant,* Anthropologie in pragmatischer Hinsicht (1798), Phil. Bibl. 44, Leipzig 1922.

9 *H. Plessner,* Artikel: Anthropologie philosophisch, RGG[3], I, 410—414.

10 *M. Landmann,* Philosophische Anthropologie, a. a. O., 205.

11 *J. Wach,* Typen religiöser Anthropologie, Tübingen 1932; *G. van der Leeuw,* Der Mensch und die Religion, Basel 1941; *B. Groethuysen,* Philosophische Anthropologie, München 1928.

12 *E. Dinkler,* Die Anthropologie Augustins, Stuttgart 1934.

13 Vergleiche *Schleiermacher,* Über die Religion (1799), Neuausgabe der 1. Aufl., ed. H.-J. Rothert, Hamburg 1958, mit *K. Barth,* Der Römerbrief, München 1922[2] (Zitat 241).

14 *W. Zimmerli,* Das Menschenbild des Alten Testamentes, München 1949; *W. G. Kümmel,* Das Bild des Menschen im Neuen Testament, Zürich 1948; *E. Käsemann,* Paulinische Perspektiven, Tübingen 1969; O. *Weber,* Die Treue Gottes und die Kontinuität der menschlichen Existenz, Neukirchen 1967; *K. Barth,* Mensch und Mitmensch,

Göttingen 1954; *W. Pannenberg*, Was ist der Mensch? Die Anthropologie der Gegenwart im Lichte der Theologie, Göttingen 1962; und besonders *E. Peterson*, Was ist der Mensch? in: Theologische Traktate, München 1951, 225–238.

[15] *Bl. Pascal*, Über die Religion und über einige andere Gegenstände (Pensées), ed. E. Wachsmuth, Heidelberg 1946, Nr. 527, 238.

[16] Für die Problemstellung des 19. Jahrhunderts vgl. *Th. Litt*, Das Bildungsideal der deutschen Klassik und die moderne Arbeitswelt, Bonn 1955; *H. Weinstock*, Realer Humanismus, Heidelberg 1958². Aus der Fülle der Literatur zur Problemstellung des 20. Jahrhunderts nenne ich: *D. Riesman*, Die einsame Masse, Neuwied 1956; *A. Gehlen*, Die Seele im technischen Zeitalter, rde 53, Hamburg 1957; *I. Ellul*, Technological Society, New York 1964; *L. Mumford*, The Myth of the Machine, New York 1966; *H. Marcuse*, Der eindimensionale Mensch, Neuwied 1967; *E. Fromm*, The Revolution of Hope. Toward a Humanized Technology, New York 1968.

[17] *M. McLuhan*, Understanding Media: The extensions of man, New York 1964; *W. Kuhns*, Environmental Man, New York 1969.

[18] *W.-D. Marsch*, Zukunft, TT 2, Stuttgart 1970.

[19] *A. Gehlen*, Studien zur Anthropologie und Soziologie, Neuwied 1963, 338.

[20] Vgl. dazu *J. L. Talmon*, Politischer Messianismus. Die romantische Phase, Köln 1963, 21 ff.

[21] *R. Seidenberg*, Post-historic Man, Chapel Hill 1950.

[22] *Ch. C. West*, Technologen und Revolutionäre, EvTh 27, 1967, 664 ff.

[23] Die Neigung dazu findet sich z. B. bei *Harvey Cox*, The secular City. Secularization and Urbanization in theological perspective (1965). Deutsch: Stadt ohne Gott? Stuttgart 1966; aber auch bei von Fr. Gogarten beeinflußten deutschen Sozialtheologen.

[24] Vgl. *W. Hollstein*, Der Untergrund, Neuwied 1969; und *Th. Roszak*, The Making of a Counter Culture, Reflexions on the technocratic society and its youthful opposition, New York 1969.

[25] *H. Jonas*, Gnosis und spätantiker Geist, I, Göttingen 1934, 163; und: Zwischen Nichts und Ewigkeit, Göttingen 1963.

[26] *E. Bloch*, Erbschaft dieser Zeit (1935), Frankfurt 1962, 77 ff.

[27] Zur Anthropologie von Marx: *E. Thier*, Das Menschenbild des jungen Marx, Göttingen 1957; *H. Popitz*, Der entfremdete Mensch, Basel 1953; *I. Fetscher*, Karl Marx und der Marxismus, München 1967; *A. Schaff*, Marx oder Sartre? Wien 1964; *L. Ko-*

lakowski, Der Mensch ohne Alternative, München 1961.

[28] Die Frühschriften, ed. S. Landshut, Stuttgart 1953, 243.

[29] Ebd. 347.

[30] Zum Begriff *Entfremdung*: *E. Topitsch,* Marxismus und Gnosis, in: Sozialphilosophie zwischen Ideologie und Wissenschaft, Neuwied 1961, 235 ff.; *A. Gehlen,* Über die Geburt der Freiheit aus der Entfremdung, in: Studien zur Anthropologie und Soziologie, Neuwied 1963, 232 ff.; *H. Plessner,* Das Problem der Öffentlichkeit und die Idee der Entfremdung, Göttingen 1960.

[31] A. a. O., 289.

[32] Ebd. 405, 516.

[33] Ebd. 240.

[34] Ebd. 224.

[35] Ebd. 361.

[36] Ebd. 301, 235.

[37] *P. Tillich,* Der Mensch im Christentum und im Marxismus (1953), in: Für und wider den Sozialismus, München 1969, 200.

[38] A. a. O., 207 ff.

[39] *R. Garaudy,* Der Dialog, rororo aktuell 944, 1966, 87 ff.

[40] *St. Zweig,* Die Welt von Gestern. Erinnerungen eines Europäers, Fischer-Bücherei 1152, Frankfurt 1970.

[41] *H. Plessner,* Das Schicksal des deutschen Geistes im Ausgang seiner bürgerlichen Epoche, Zürich/Leipzig 1935; *G. Lukacs,* Die Zerstörung der Vernunft, Berlin 1954; *K. Sontheimer,* Antidemokratisches Denken in der Weimarer Republik, München 1962; *A. Mohler,* Die konservative Revolution in Deutschland 1918—1932, München 1950;

[42] *F. Tönnies,* Gemeinschaft und Gesellschaft, Darmstadt 1963[8].

[43] *P. Althaus,* zitiert nach *E. Wolf,* Barmen. Kirche zwischen Versuchung und Gnade, München 1957, 19 f.

[44] *P. Althaus,* Theologie der Ordnungen, Gütersloh 1935, 42 f.

[45] *H. Freyer,* Revolution von rechts, Jena 1931. Die folgenden Zitate sind aus dieser Schrift genommen. Vgl. auch: Pallas Athene. Ethik des politischen Volkes, Jena 1935.

[46] Vgl. Rechtsradikalismus, ed. *I. Fetscher,* Frankfurt 1967.

[47] Dazu *H. Kohn,* Die Idee des Nationalismus, Heidelberg 1950, und *G. Kaiser,* Pietismus und Patriotismus im literarischen Deutschland, Wiesbaden 1961.

[48] *G. Radbruch,* Der Mensch im Recht, Göttingen 1957, 9.

[49] *H. Weinkauff,* Rechtssprechung des Bundesgerichtshofs, in: Naturrecht oder Rechtspositivismus? ed. *W. Maihofer,* Darmstadt 1962, 554 ff., Zitate 572, 574, 567. Dazu auch: Die deutsche Strafrechtsreform, ed. *L. Rerisch,* München 1967.

[50] *W. Maihofer,* Menschenbild und Strafrechtsreform, in: Gesellschaftliche Wirklichkeit im 20. Jahrhundert und Strafrechtsreform, Berlin 1964.

[51] *G. Radbruch,* a. a. O., 16.

[52] *E. Wolf,* Naturrecht oder Christusrecht? unterwegs 11, Berlin 1960.

[53] *W. Maihofer,* Naturrecht als Existenzrecht, Frankfurt 1963.

[54] *E. Bloch,* Naturrecht und menschliche Würde, Frankfurt 1961.

[55] *Erik Wolf,* Das Recht des Nächsten. Ein rechtstheologischer Entwurf, Frankfurt 1958; *J. Ellul,* Die theologische Begründung des Rechtes, München 1948; Recht und Institution I, ed. *H. Dombois,* Witten 1956; Recht und Institution II, ed. *H. Dombois,* Stuttgart 1969.

[56] *M. Frisch,* Homo Faber, Frankfurt 1962.

[57] *M. Buber,* Dialogisches Leben, Heidelberg 1947; *F. Ebner,* Schriften I—III, ed. Fr. Seyr, München 1965; *E. Rosenstock-Huessy,* Der Atem des Geistes, Frankfurt 1950; *Fr. Rosenzweig,* Der Stern der Erlösung, Heidelberg 1954[3].

[58] *J. G. Fichte,* Über die Bestimmung des Gelehrten (1794), Stuttgart 1959.

[59] *Fr. Hölderlin,* Brief Nr. 169, Werke VI, 316.

[60] *L. Feuerbach,* Kleine philosophische Schriften (1842—1845), Phil. Bibl. 227, Leipzig 1950, 168 ff. (§ 62, § 59).

[61] In: Dialogisches Leben, 13 ff.

[62] Ebd. 458.

[63] *R. Dahrendorf,* Homo Sociologicus. Ein Versuch zur Geschichte, Bedeutung und Kritik der Kategorie der sozialen Rolle, Köln 1968[7].

[64] *K. Jaspers,* Philosophie, II, Berlin 1932, 30.

[65] *C. Schmitt,* Politische Romantik, Leipzig 1925[2].

[66] *R. Musil,* Der Mann ohne Eigenschaften, Hamburg 1952, 34. vgl. 150. Dazu *Kl. Laermann,* Eigenschaftslosigkeit, Stuttgart 1970.

[67] *S. Kierkegaard,* Über den Begriff der Ironie (1841), Berlin 1929, 211.

[68] Diese Parallele hat zuerst *H. Schelsky* gezogen. Ist Dauerreflexion institutionalisierbar? ZEE 1957, 153—174. Vgl. auch: Der Mensch in der wissenschaftlichen Zivilisation, Düsseldorf 1961.

[69] *Fr. Gogarten,* Der Mensch zwischen Gott und Welt, Heidelberg 1952.

[70] *R. Bultmann,* Glauben und Verstehen, II, Tübingen 1952, 293.

[71] *Chr. Graf von Krockow,* Die Entscheidung. Eine Untersuchung über Ernst Jünger, Carl Schmitt, Martin Heidegger, Stuttgart 1958.

[72] *E. Jünger,* Der Kampf als inneres Erlebnis, Berlin 1922, 76.

[73] *R. Musil,* a. a. O., 1575.

[74] *E. Jünger,* a. a. O., 116.

[75] Zitat Krockow, a. a. O., 51.

[76] Der Arbeiter, Hamburg 1932, 40.

[77] *C. Schmitt,* Politische Theologie. Vier Kapitel zur Kehre von der Souveränität, Leipzig 1934[2].

[78] *L. Feuerbach,* Das Wesen des Christentums (1841), Berlin 1956.

[79] Grundsätze der Philosophie der Zukunft, a. a. O., § 54, § 60, 167, 169.

[80] *W. H. Schmidt,* Die Schöpfungsgeschichte der Priesterschrift, Neukirchen 1967².

[81] *Kl. Koch,* Spätisraelitisches Geschichtsdenken am Beispiel des Buches Daniel, Historische Zeitschrift, 193/1, 1961, 1—32.

[82] Dazu *G. Scholem,* Zum Verständnis der messianischen Idee im Judentum, in: Judaica 1, Frankfurt 1963, 7—74.